성철스님과
아비라기도

※ 본 책에 실린 성철스님 사진은 주명덕 선생님의 작품으로, 장경각에서 발행한 『포영집』에 실린 것을 백련불교문화재단의 도움을 받아 게재하였습니다.

# 성철스님과
# 아비라기도

장성욱 저

장경각

# 아비라기도!

단지 3박 4일!
이 짧은 기간 동안의 기도로
몸과 마음이 그토록 청정해지고
깨끗해질 수 있을까?

고통과 지옥!
인내와 끈기!

뼈저린 고통 속에서도 법신진언에 몰두할 수 있다면!
죽음 같은 고통도 조용히 바라볼 수 있다면!
그 속에서 피는 깨달음과 환희심!

우울증을 앓는 사람
정신병을 앓는 사람
인간에게 상처를 받은 사람
실연당한 사람
살 의욕을 잃은 사람
등등 모든 문제 있는 사람과

참선 정진하려는 사람들에게
아비라기도는 특효약이다.

이 기도를 만드신 성철스님!

옴 아비라 훔 캄 스바하

# 추.천.의. 글.

　　　　　　큰스님 계실 때부터 스님의 가르침을 따라 집에서 하루의 기도 몫으로 300배, 500배, 1000배, 삼천배를 실천하고 있는 신도님들이 수없이 많다는 사실을 알고서 그분들의 체험담을 모아 한 권의 '기도생활 지침서'를 발간해야겠다는 생각을 하고 있었습니다.

　그렇게 집에서 철저히 기도를 하는 분들에게는 분명히 남다른 생각과 신념이 있을 것이라고 믿었기 때문입니다. 또한 그분들은 큰스님 생전에, 백련암을 찾아와서 먼저 삼천배를 하고 큰스님을 친견한 분들이기에 생활의 공통점과 신앙의 지향하는 바가 분명하고, 무엇보다도 그렇게 기도해 가는 과정에서의 육체적 고통의 극복과 내심에 차오르는 정신적 충만을 후배 기도자들에게 전해 줄 수 있다면 같은 길을 체험해 가는 입장에서 크나큰 도움이 될 것이라고 생각했기 때문입니다.

　그러나 한분 한분의 글을 받는 것도 쉽지 않았고, 큰스님의 남을 위해 기도하라는 당부를 따르자니 자기를 위해서가 아닌 남을 위한 기도에 마음 내기도 어렵고, 내 마음과 가족의 변화에 대해 터놓고 얘기하려니 사생활을 털어놓아야 하는 곤란함에 봉착하여 자연히 글문과 말문이 막히는 현실에 체험기를 수집하거나 채록하는 일은 쉽지가 않았습니다.

　반면, 누군가 용기를 내서 "스님, 여기 있습니다."하고 가져다주는 체험담은 개인의 기도성장이라기보다는 '영험록'에 가까워 책을 낼 용기를 내지 못하였는데 그간의 저의 고민을 누구보다도 잘 알고 있던 장성욱 교수가 이번에 『성철스님과 아비라기도』 책을 발간하게 되었습니다.

장 교수는 글에서 밝혔듯이 중학교 2학년 때부터 50대 중반인 지금까지 일과와 삼천배, 능엄주 독송, 그 힘든 아비라기도를 교수라는 사회생활 중에도 틈틈이 참여하여 40여 년의 세월을 보냈습니다.

이 책은 장 교수님의 개인적인 체험담이지만, 큰스님 계실 때 큰스님을 친견하고 지금까지 백련암이나 문도사찰, 혹은 집에서 자발적으로 기도해 오시는 모든 분들의 체험록이라고 생각합니다.

기도생활을 체험하는 모든 분들은 마음의 안정과 정신수양의 함양, 현실에 대한 확고하고 긍정적 신념, 가족의 화목 등을 위하여 내 육체의 희생을 감내하며 정성을 다하고 있다고 생각합니다.

제 자신 『성철스님 시봉이야기』를 세상에 내놓고는 "마음공부에 대해서 별반 언급도 없고 백련암 마당에서 일어난 큰스님의 겉모습만 얘기했을 뿐"임을 깨닫고 부끄러워했던 차 불필스님께서 저술한 『영원에서 영원으로』라는 책에 큰스님의 참선수행에 대해 자세히 정리하여 주셔서 그 부끄러움을 덜 수 있게 되어 참으로 고맙게 생각하였습니다.

그리고 제가 30년 전부터 품어왔고, 미처 풀지 못했던 숙제를 큰스님 열반 20주기를 맞이하여 장성욱 교수님이 풀어주었다고 생각하니 그저 감사하고 또 감사할 따름입니다.

이 책을 발간한 계기로 "자기를 바로 보라, 남모르게 남을 도우라, 남을 위해 기도하라"고 강조하신 큰스님의 기도정신이 이 세상 끝까지 펼쳐지기를 기대해 봅니다.

2013년 10월 24일 큰스님 열반일(음력 9월 20일)

원택 화남

# 목.차.

아비라기도! ... 004
추천의 글 ... 006

**1장**    백련암                  ... 013
          삼천배                  ... 019

**2장**    성철스님                ... 031
          SONY 비디오          ... 037
          성철스님의 일갈        ... 042
          성철스님의 혜안        ... 047
          성철스님의 생애        ... 052
          성철스님의 용맹정진    ... 067
          성철스님의 업적        ... 087

**3장**    아비라기도             ... 113
          아비라기도의 고통      ... 145
          아비라기도의 효험      ... 148

| **4장** | D-1 | … 157 |
| | 첫째 날 | … 161 |
| | 둘째 날 | … 165 |
| | 셋째 날 | … 173 |
| | 식탐 | … 181 |
| | 신기한 구름 | … 191 |
| | 마지막 날 | … 196 |
| **5장** | 아비라기도와 화두 | … 201 |
| | 신비한 체험 | … 205 |
| | 기도 후의 마음 자세 | … 213 |
| | 직장을 구하는 젊은이들에게 | … 216 |
| **부록** | 사찰의 구조와 예절 | … 220 |
| | 아비라기도 약해(略解) | … 238 |

# 1장

"고깔 쓴 나를 보고 무엇을 얻으려 하지 말고
각자가 가지고 있는 영원한 생명과
무한한 능력을 개발해 쓰도록 하라."

# 백련암

　　　　　　백련암! 백련! 하면 정말 하얀 연꽃이 그곳에 있는 줄 알았다. 그러나 그곳은 가파른 산중턱의 암자일 뿐이다. 길을 따라 올라가다 보면 나무뿌리가 나와 있는데도 있고 좁아서 차가 비키기 힘든 곳도 있다. 입구에 호랑이를 탄 도인 그림이 있는 팻말이 있었다. 호랑이 위의 도인을 보면 "아! 이곳이 보통 장소가 아니구나"라고 느껴졌다. 그 길을 성철스님께서 지나다니시며 선승이며 도인으로 가야산을 쩌렁쩌렁 울렸다.

　해인사 백련암은 정말 아담하고 정취 있는 암자였다. 울창한 수풀, 파릇파릇한 이끼, 신성한 기운, 아침저녁으로 꿈결처럼 스며드는 안개, 향긋한 솔내음, 푹푹 찌는 한여름에도 한기를 느끼게 하

는 약수, 갑자기 나타나서 신비한 고동색의 여운을 남기고 사라지는 다람쥐, 청명하고 따뜻한 햇살, 자연의 음악을 연주하는 새들…

　이러한 신성한 분위기 속에서 전통적인 한국의 가옥 몇 채가 숲 속의 작은 터에 자리잡은 그 형태는 조금 더하면 산만하고, 조금 덜하면 허전한, 완벽 그 자체였다. 그 자연과 인간의 아름다운 조화의 장소가 성철스님이라는 도인이 그곳에 살고 있다는 소문이 퍼지고 난 뒤부터 차츰차츰 증축되어 지금은 터에 비하여 너무 많은 건물이 들어서 있다.

　옛날 백련암에는 조그마한 건물이 세 개 있었다. 그 터에 딱 맞게 지어진 건물에서 불을 때고 밥을 할 때 나오는 연기가 가야산에 퍼지는 광경은 지금도 잊을 수 없다. 저녁 무렵 어두컴컴한 허공을 번져가는 하얀 연기와 나무 타는 구수한 냄새는 쓸쓸한 산골을 따스하게 만들었다. 그러나 일반인들에게는 낭만적이고 목가적인 풍경의 암자가 스님들에게는 가혹한 수행장소이다.

어느 스님은 절 생활도 힘들고 바깥세상이 너무 궁금해서 안경을 일부러 안경을 깨트리고 안경 맞추러 간다고 바깥으로 나갔다. 나가는 스님 뒤에서 성철스님은 "안경 10개 맞춰가지고 와라."고 하셨다. 원택스님은 마지막으로 방 청소하고 도망가려다가 "도망갈 놈이 방은 뭐할라 딱노?" 하는 한 마디에 도망도 못가고 주저앉았다. 원담스님은 절 일이 너무 힘들어 도망가려고 마음먹고 마지막으로 성철스님 발을 씻어드리는데, "너 도망가려고 그러지?" 해서 도망을 못 갔다 했다. 또 도망가려고 걸망을 미리 문 밖에 가져다놓았는데 그것도 아시고 "너 걸망 갖다 놨제."라고 하셨다. 원소스님은 1년간의 행자생활을 마치고 사미계를 받기 며칠 전, 평생 독신으로 승려생활을 잘 할 것 같지 않아 차라리 하산하여 재가불자나 될까 생각하며 불을 지피고 있었다. 그때 성철스님이 지나가면서 "야! 꺽다리! 너 속가로 가봐야 큰 출세 못한다. 불도를 닦는 것이 출세하는 길이다. 그러니 쓸데없는 망상 말아라." 하셨다. 그 말에 번쩍 정신이 들어 마음을 고쳐먹고 사미계를 받았다고 한다.

1978년 구마고속도로 개통 때 박정희 대통령이 해인사를 방문했다. 만나서 말만 잘하면 얼마든지 특혜를 받을 수 있는 시대였다. 성철스님이 "세상에선 대통령이 어른이지만 절에 오면 방장이 어른이므로 3배를 안 할 바에야 만나지 않는 게 낫다."고 큰 절로 내려오지 않아 만남이 무산됐다. 육영수 여사의 어머니, 즉 박대통령의 장모와 비서실장도 스님을 만나지 못하고 돌아갔다.

훗날 금융사기사건으로 구속된 '큰 손'인 장영자, 이철희 씨 부부도 성철스님을 만나고 싶어했다. 만나주면 한국불교의 불사를 다 책임져 줄 것이라는 말을 하며 몇몇 스님들이 그들을 만나줄 것을 요청했으나 삼천배를 하지 않았기 때문에 성철스님은 허락하지 않았다.

대부분의 사람들은 항상 바깥에 신경을 쓰고 외부의 진리를 찾으려고만 한다. 성철스님께서는 "나를 쳐다보지 말고, 밖에서 진리를 찾지 말고 자기를 바로 보아라. 각자 스스로의 마음속에 영원한 생명과 무한한 능력을 잘 개발하라." 하셨다. 즉 우리의 몸과 마음속에 생명의 비밀, 죽음의 비밀이 숨어 있다는 것이다. 또한 성철스님께서는 "사람이면 누구에게나 영원한 생명과 무한한 능력이 있다고 부처님은 말씀하셨다. 그러므로 우리도 부처님이 가신 길을 가면 그 누구라도 영원한 생명과 무한한 능력을 개발하여 쓸 수 있다. 그 지름길이 바로 참선이다."고 항상 강조하셨다.

스님은 또 부처님이나 보살님께 항상 빌고 기도하며 무엇인가를

달라고 하는 보통 사람들과 달리, 스스로 노력하며 깨친 당당한 사람을 만나기를 기대했다. 어느 때 스님께서는 "'성철은 너 성철이고 나는 나다. 긴 소리 짧은 소리 무슨 잠꼬대가 그리 많으냐?' 하고 달려드는 진정한 공부인이 있다면 내가 참으로 그 사람을 법상에 모셔놓고 한없이 절을 하겠습니다. 그런 사람이야말로 출격대장부이며 시퍼렇게 살아 있는 사람입니다. 내 밥 내가 먹고 사는 사람들인데 어째서 남의 밥을 구걸하느냐? 말입니다. 부디 내 밥 내가 먹고 당당하게 살아야 합니다."라고 일갈하셨다.

성철스님을 만나러오는 수많은 사람들에게 삼천배를 하라고 한 것도 스님 자신의 위상을 높이기 위해서가 아니라 "고깔 쓴 나를 보고 무엇을 얻으려 하지 말고 각자가 가지고 있는 영원한 생명과 무한한 능력을 개발해 쓰도록 하라."는 취지에서였다. 그런데 어떤 학자는 그 뜻을 곡해하여 온갖 비방을 했다.

성철스님의 말씀을 들어보자.

> 나를 찾아오지 말고 부처님을 찾아오시오.
> 나를 찾아와서는 아무 이익이 없습니다.
> 그래도 사람들이 찾아오지요.
> 그러면 그 기회를 이용하여 부처님께 절하라 하는 것이오.
> 그래서 삼천배를 시키는 것인데,
> 그냥 절만 하는 것이 아니라 일체중생을 위해서 절해라,
> 나를 위해서 절하는 것은 거꾸로 하는 것입니다.
> 그렇게 삼천배 절을 하고 나면
> 그 사람의 심중에 무슨 변화가 옵니다.
> 그 변화를 느끼면 그 후부터는 스스로 절하게 됩니다.
> 처음에는 남을 위해 절하는 것이 잘 안되어도
> 나중에는 남을 위해 진정으로 절하는 사람이 되고
> 남을 위해 사는 사람이 되며 행동도 그렇게 합니다.

# 삼천배

거창에서 초등학교를 다닐 때는 꿈같은 시절이었다. 입학식날, 초록색, 분홍색, 빨간색, 노란색 등 각종 원색 깃발이 날리고 가슴에 색 리본을 달고 그 색깔에 따라 반 배정을 하고 담임 선생님과 운동장에 서 있는 모습이 아직도 눈에 선하다. 그때는 이 세상이 재미있는 낙원처럼 보였고 모든 어른이 친절해 보였다. 학교 앞에 작은 냇물이 흘렀는데 물이 어쩌면 그렇게 맑았을까? 그때 학교 앞에는 칡 파는 할머니가 있었다. 그 칡을 사서 우유빛 액체를 빨아 먹고 남은 덩어리를 냇물에 던지고 물방울이 튀어 오를 때, 솟구쳐오르는 시냇물과 칡의 신선한 기운, 청명함이 아직도 기억에 생생하다.

그때는 논두렁 밭두렁을 걸어가며 구구단을 외웠고, 오후반 오전반이 있었다. 학교에서는 옥수수죽을 집안이 아주 가난한 아이들에게만 나누어 주었는데 그 멀건 옥수수죽이 왜 그렇게 맛있어 보였을까? 친구들과 함께 서로 얻어 먹으려고 했던 기억이 난다. 한번은 정신이 나간 할머니가 집을 나와 바깥에서 돌아다니다, 학교 다니는 길 옆 밭에 얼어 죽어 있는 것을 보았다. 그것이 처음으로 시신을 보았던 기억이다. 그 할머니의 딸이 밭 앞에서 울던 광경이 떠오른다.

초등학교 3학년 때 거창에서 부산으로 전학을 와서 학교를 다녔는데 공부에 대한 압박이 심해지고 중학교에 가서는 체력장을 한다고 수류탄 멀리 던지는 연습도 했다. 낭만적인 거창의 생활에서 경쟁과 생존의 세계로 차츰 밀려들어갔다.

중학교 2학년이던 1971년 어느 날이었다. 해인사에 자주 다니시던 부모님에게 이끌려서 백련암으로 갔다. 그 암자에서 삼천배를 하면 공부도 잘하고 출세도 하고 모든 일이 다 잘 된다고 했다. 멋모르고 부모님을 따라가서 처음으로 삼천배를 했다. 한 마디로 '삼천배' 발음하니까, 그냥 간단하게 하는 줄 알았다. 그런데 1배 1배 할 때마다 숨이 차오고 무릎이 아팠다. 이제 겨우 100배 정도 했는데 이걸 삼천배나 하라고! 겁이 덜컥 났다. 아이구! 이게 보통 일이 아니었다. 나중에는 눈물, 콧물 흘리며 숨을 헐떡거리고 세상에 무슨 이런 일도 있나 생각하며 절을 했다.

같이 갔던 사촌은 체념한 것처럼 절만 하고 있었다. 앞의 동생은 "아이구! 할아버지! 할배! 타불! 타불!" 하면서 엎어질 듯 자빠질 듯 절을 하고 있었다. 1000배도 하지 않았는데 벌써 무릎이 내 무릎이 아니고 다리가 내 다리가 아니었다. 절을 왜 하는지 어떻게 해야 하는지도 모르고 숫자 채우기에 급급하다 보니 더 지겹고 힘들었다. 2,000배 2,500배 이젠 정말 더 이상 할 힘도 없고 목에서는 쉰내가 났다.

2,600, 2,700에서는 1배 1배할 때가 천근처럼 무거웠다. 비몽사몽간에 비틀거리며 넘어지며 하다가 "부처님이 나를 보고 웃더라", "부처님이 나에게 손짓을 하더라", "부처님이 나에게 이러이러한 말씀을 하시더라" 등등 온갖 거짓말이 다 쏟아져 나온다.

2,900배! 이제 100배밖에 안 남았으니 이것은 후딱 할 것 같지? 천만의 말씀! 이때도 1배 1배가 보통일이 아니다.

그래서 삼천배를 다 마치고 나면 몸이 만신창이가 되어 축 늘어졌지만 마음은 그렇게 가벼울 수가 없고 엄청난 환희심이 배 밑바닥에서부터 올라온다. 무언가 꽉 찬 느낌! 온 천지가 푸근하게 느껴지고 무엇이든 할 수 있을 것 같은 자신감이 넘친다.

당시만 해도 그곳의 반찬이라야 보리밥, 소금에 절인 양념도 별로 안 넣은 김치, 시래기국 정도였다. 그래도 그 음식이 어찌나 맛

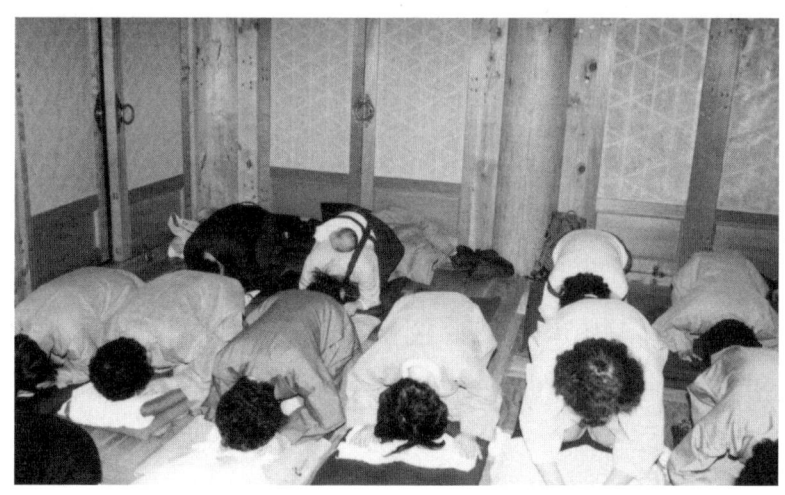

있던지….

당시에는 숫자 채우기에 급급한 절을 하며 허덕였지만, 후일 알아 보니 그 단순한 운동처럼 보이는 절에 오묘한 진리와 철학이 들어 있었다.

우선 절을 할 때 보는 『예불대참회문』이 어떠한 책인가? 어마어마한 분량의 팔만대장경을 주제별로 요약하면 『열반경』, 『금강경』, 『법화경』, 『화엄경』, 『능엄경』으로 분류가 되며, 그 중에서도 한 권의 경전을 뽑으라 하면 화엄경이다.

『정화엄경』은 80권, 그것을 또 반으로 축소하면 『약화엄경』이 40권이다.

그것을 다시 축소하면 『보현행원품』, 그것을 다시 축소하면 『예불대참회문』이다. 따라서 『예불대참회문』은 팔만대장경의 정수이고 축소판인 것이다. 그러한 어마어마한 사상이 담긴 책에 따라 하는 절에 어떠한 의미와 효험이 있을까? 『예불대참회문』에 따라 매일 108배를 하면 다음과 같은 공덕이 생긴다고 한다.

첫째, 아름다운 몸을 갖게 된다.
둘째, 내가 무슨 말을 하더라도 남들이 나의 말을 믿는다.
셋째, 어느 곳에 가더라도 두려움이 없어진다.
넷째, 부처님께서 항상 보호를 하신다.
다섯째, 위엄 있는 자태를 갖추게 된다.
여섯째, 모든 사람들이 나를 사랑하고 공경한다.
일곱째, 하늘의 사람들이 사랑하고 공경한다.
여덟째, 큰 복과 덕을 갖추게 된다.
아홉째, 제 명을 다 마치며 극락세계에 태어난다.
열째, 마침내 열반을 증득한다.

그러면 절을 할 때 어떻게 해야 하는가?
자신의 몸, 입, 마음에 대한 진정한 참회의 마음을 가지고 절을 해야 한다. '지심귀명례' 발음을 할 때 '지심'하면 고개를 들고 일어서는 준비를 하고 '귀명례'하면서 일어선다. 그 다음 부처님 명호를 부르면, 예를 들어 '보광불'하면 '보광불' 할 때 무릎을 꿇고

'불' 할 때는 머리와 손바닥이 땅에 닿아야 한다. 그 후 손바닥을 뒤집어 부처님을 경배하기 위해 들어올린다. 주위 사람과 호흡을 맞추어가며 소리도 조화롭게 조절해야 한다. 너무 커도 안 되고 작아도 안 되고 항상 상황에 맞게 조절해야 한다.

성철 큰스님은 법문에서 신(身)·구(口)·의(意) 즉 몸과 입과 마음이 하나가 되어야만 수행이지 엎드렸다 일어났다 하는 것은 굴신운동과 다름없다고 하셨다. 절을 하는 자기 몸 하나하나 구부릴 때, 일어설 때, 발바닥의 느낌, 몸의 느낌 하나하나 마음 상태 등 모든 것을 느끼며 절을 해야 한다. 절을 할 때 편하게 하기 위해 방석을 여러 겹 까는 경우가 있는데, 너무 높아도 허리에 무리가 온다. 또 참회하는 절을 하며 어떻게 하면 좀 더 편할까만 생각해서는 안된다. 또 절은 지속적으로 해나가야 한다. 피곤할 때마다 중간 중간에 쉬는 것은 삼가야 한다. 100배든, 500배든 한꺼번에 계속 해야 한다. 100, 300, 500, 천배를 하든 삼천배를 하든 항상 포기하고 싶은 고비가 온다. 고비가 오면 오기 전보다 훨씬 부드럽고 수월하게 하게 해야 한다. 절 할 때 무릎이 아프고 빠개질 것 같을 때도 있지만 그 후에는 괜찮아진다. 절 하다 병신 된 사람은 없다. 삼천배 전후나 아비라기도 전후에 술과 육식은 피하는 것이 좋다. 특히 날 생선회 등은 더욱 좋지 않다. 그런 음식을 먹고 기도하면, 모든 것이 순탄하게 나가다 턱 막히는 경우가 생긴다.

성철스님께서 절에 돈 갖다주지 말고 다른 사람을 도우라고 하자, 어떤 스님께서 "그러면 우리는 뭐먹고 사느냐고?" 했다고 한다. 그러나 아무리 절에 돈 주지 말라고 해도 주는 사람은 항상 있고, 또 스님이 공부를 열심히 하면 짐승들도 먹이를 물어다 준다고 했다.

중국 당나라 중기의 백장선사는 복건성 출신으로 20세 때 서산 혜조를 스승으로 출가했다. 그 후 남종선의 대가인 마조도일 스님 밑에서 공부를 하여 깨달음을 얻었다. 강서성 백장산에 백장사를 창건하고 철저한 두타행을 하며 선풍을 일으켰다. 〈백장청규〉를 제정하여 교단의 계율과 수도생활의 규칙을 선포하였다. "하루 일하지 않으면 하루 먹지 않는다" 할 정도로 백장선사는 근검한 생활을 했다. 그 밑에서 임제종과 위앙종의 창시자인 황벽과 영우스님이 나왔다.

성철스님께서는 "절은 아픈 자에게 명약을 주는 것과 같고, 아비라기도는 아픈 자를 수술대 위에 놓고, 그 아픈 부위를 도려내는 것과 같다."고 말씀하셨다. 아비라기도의 효험이 절보다 더 즉각적이고 강력하다는 뜻이리라. 또 스님은 "남을 위해 일하는 사람이 되게 해 달라."고 하지 말고 직접 "일체 중생이 행복하게 해 주십시오."라고 기도하라 하셨다.

해인사 백련암에는 부처님 오신 날에도 연등을 달지 않는다. 즉

연등값 받을 기회를 스스로 포기한다는 뜻이다. 그래도 백련암은 잘 운영되고 있다.

성철스님께서는 "건강과 수도에 지장이 생길 때에는 모두 자기 업과이니, 1일 삼천배를 일 주일 이상씩 특별기도를 해야 한다."고 하셨다. 또한 "누구라도 숟가락 들 힘만 있으면 108배는 할 수 있고, 108배를 꾸준히 하는 사람은 삼천배도 할 수 있다."며 절하기를 강조하셨다.

성철스님께서 "예경을 하는 것은 발심을 하기 위해서 한다. 실행을 하지 않으면 내 것이 아니다. 108예참을 통해서 발심이 생긴다. 108배는 자정(自淨)이다." 하셨고, "절하다 죽은 사람 없고, 절하다 병신 된 사람 없다."고 말씀하셨다. 또한 "불자라면 마땅히 부처님을 향한 신심이 있어야 되고, 그 신심의 증표로 날마다 수행을 해야 된다. 날마다 하는 수행 중에는 108 참회가 제일이다."라며 108참회의 중요성을 강조하셨다. 성철 큰스님께서는 또, "발심하는 것은 어두운 밤에 등을 다는 것이다. 매일매일 108배 하는 것이 진정 마음으로 등을 달기 위함이다."고도 말씀하셨다. 사실 삼천배, 만배 하는 것보다 매일 108배 하기가 더 어렵다. 108배는 자기정화이다. 불자는 신심이 있어야 되고 그 신심으로 108배를 해야 한다.

성철스님께서는 "세상 사람들 눈에 절하는 공덕이 보일 것 같으면, 욕심 많은 사람들 밥도 안 먹고 절만 하려고 할 것이다."라고 하셨고, "절을 해서 업이 녹는 걸 눈으로 확인하게 된다면, 절 하려는 사람들로 가야산이 다 닳아 없어질 것이며, 절해서 업 녹는 걸 스크린으로 볼 수만 있다면 아마 잘 다니는 직장도 그만 두고 절만 할 것이다."라고 말씀하시기도 하셨다.

# 2장

"무슨 일이든 올바른 해결은 부처님께 맡기고,
어려운 일이 닥치면 삼천배를 하라."

# 성철스님

나는 눈물, 콧물을 흘려가며 죽을둥 살둥 겨우 삼천배를 마치고 드디어 고대하던 도인 스님을 만났다. 솔직히 스님을 만나면 세상을 뒤흔들 대단한 말씀이나, 나를 한 번 척 보는 순간, 내 미래를 훤하게 밝혀줄 예언 같은 것을 듣게 될 줄 알았다.

그런데 별 말씀이 없었다. 중학생이던 그때 이후 그곳에 갈 때마다, "이번에는 혹시?" 하고 스님 주위를 배회했건만 말씀이 없었다. 또 갈 때마다 겨우겨우 삼천배를 하고 스님께 인사를 드렸건만 특출난 기행이나 신비한 도술을 본 적이 한번도 없었다.

그때는 삼천배를 해도 숫자 채우기에 급급했고, 그러다 보니 너무 빨리 하게 되어 목도 아프고 심장에도 무리가 갔다. 그런 고통

속에서도 성철스님이라는 도인이 백련암에 내뿜는 신비한 기운으로 감히 중단할 수가 없었다. 심지어 절을 못하면 스님께서 무지무지하게 큰 몽둥이를 들고 오신다니 끝까지 하는 수밖에 없었다.

그래서 백련암 하면 공포와 고통이 떠올랐고, 그곳에 가자고 하면 "아! 또 죽었구나" 하는 생각뿐이었다. 어렸던 내게 신심이라는 것은 사실 거의 없었다. 그래도 억지로라도 삼천배를 채웠을 때 내면 깊숙이에서 솟아오르는 희열과 환희는 이루 말할 수 없었다.

백련암 원통전 옆에는 조그마한 목욕탕이 있다. 어느 날 경내를 어슬렁거리다가 그곳에 멈춰선 채 문을 열었다. 뜻밖에 안에는 성철스님께서 욕조의 맑은 물에 몸을 담그고 두 팔을 욕조에 걸치고 계셨다. 마침 욕조에서는 김이 모락모락 올라오고 있었고, 한 동자승이 스님의 등을 밀어주고 있었다. 내가 문을 열고 스님 얼굴과 맑은 물을 바라보는데, "아니 이놈이 목욕하는데 문을 열어!" 불호령이 떨어지는 게 아닌가! 나는 깜짝 놀라서 문을 닫고 바람처럼 줄행랑을 쳤다.

그러나 그 좁은 암자에서 가면 어디까지 갈 것인가? 이제 스님께서 나오시면 목욕탕 문 연 놈이 누구인지 찾을 텐데 걱정이 태산같았다. 그날 내내 걱정하다가 잠을 잤다. 그러나 그 다음 날까지도 아무 말씀이 없었다. 그러자 내가 안도의 숨을 쉰 것은 물론, "내가 도인이 목욕하는 것을 보았는데, 나에게도 도가 조금은 오지

않았을까?" 하는 묘한 기대감 내지는 건방진 생각을 하고 있었다.

왜냐하면 도인이 목욕을 하는 광경을 보게 되는 것도 아무에게나 일어나는 것은 아니지 않은가! 나는 그때 속으로 회심의 미소를 지었다. 지금 생각하면 목욕탕에서 본 동자승도 사실은 동자승이 아니라 키가 작은 스님이었던 것 같다.

부모님을 백련암에 소개하신 분은 대구에 사는 고모였다. 군인이던 고모부는 50년대 60년대 서슬이 시퍼렇던 방첩대에 근무하면서도 일체 부정을 하지 않았다. 그때 방첩대에 근무하면 가만히 있어도 돈을 갖다주던 시절이었다. 문제는 군인으로서는 더없는 애국자이지만 고모는 박봉으로 살림을 꾸려나가야만 했다. 고모는 틈틈이 과외의 일을 하며 열심히 살아 따로 돈을 벌어서 아이들 교육을 잘 시켰다. 홍성에 있을 때는 닭도 기르고, 어떤 때는 요식업도 했다. 항상 부지런하고 불심도 깊고, 남들에게 봉사를 잘 해서 친구들도 많았다. 고모님 덕분으로 젊었을 때 만주나 중국 등지를 돌아다니시며 풍운아 같은 삶을 사시다가 일찍 돌아가신 할아버지 천도재를 성철스님을 모시고 백련암에서 치르기도 했다. 고모는 나이가 들어서도 기도와 참선에 열중하며 인생을 잘 살고 계신다. 나이가 들어 참선을 하고 있으면 그렇게 편안하고 좋을 수가 없기 때문이란다.

백련암은 좌청룡 우백호가 완벽하게 조화된 천하의 명당이다.

마당에는 거북이 형상의 바위 위에 부처님 옆모습을 닮은 바위, 불면석이 신비롭다. 백련암은 용과 호랑이가 싸우는 형국이라 항상 긴장이 감돌고 서릿발 같은 기상이 흐른다. 항상 성성하고 활기찬 기운이 가득하다 보니 그곳에 가면 절을 하든 기도를 하든 무엇이든지 해야지 가만히 놀 수가 없다. 놀면 왠지 불안해지고 안절부절 못하게 된다. 그러한 기운의 터이기에 웬만한 사람은 그곳에 버티고 있기가 쉽지 않다.

겨울에 백련암에서 기도를 하다보면 온 천지가 눈으로 덮여 하얀 침묵이 흐르는 가운데 원통전 오른 쪽에 있는 청룡의 머리 부분 봉우리에 이름 모를 큰 새가 앉아 있는 것을 볼 때가 있다. 그 새가 물끄러기 허공을 쳐다 볼 때면, 마치 태고의 원시적인 풍경이 재현되는 것 같았다. 아득하고 까마득한 기운이 온 천지를 감싸고 새의 날갯짓에 산봉우리에 겹겹이 쌓인 눈들이 갑자기 무너져 내릴 때 가야산의 적막한 풍광이 태초의 상태로 돌아가는 착각이 들기도 했다.

그때의 백련암에는 지금 같은 자동차 길이 없어서 모든 것을 지게로 져 날랐다. 한번은 여름 아비라기도 기간 중 땀 흘리는 신도들을 위해서 수박 50통을 시켜서 찬물에 담가 놓았다. 신도들은 기도를 하다가 쉬는 시간에 수박을 먹고 껍질을 버렸다. 그런데 그 수박 조각들을 성철스님께서 보시게 되었다. "너그 농부들이 수박 키운다고 얼매나 고생한 줄 아나? 이 더운 여름에 무거운 수박 지고 온다고 일꾼이 얼마나 땀을 흘렸는지 아나? 수박 살을 벌겋게 남가 놓고 이렇게 버릴 수 있나? 이 수박 하얀 껍질 부분이 나올 때까지 다 갉아 묵어라!"

산천이 떠나갈 정도로 호통을 치는 스님의 서슬에 모두 쥐죽은 듯하다가 너나 할 것 없이 누가 먹던 수박인지도 모르면서, 무조건 들고 먹기 시작했다. 그래서 그날 신도들은 배가 터지도록 수박을 먹고 제대로 일어나지도 못하고 법당에 누웠다 일어섰다를 반복해야만 했다. 그래도 배탈 난 사람은 아무도 없었고 기도도 무사히 마쳤다.

# SONY 비디오

　　　　　　　　1970년 초 비디오 카메라가 처음 나왔을 때 SONY 에서 나온 베타막스 신제품을 들고 백련암에 갔다. 성철스님은 그 물건을 신기해하면서 두루두루 살펴보고 좋아하셨다. 이곳저곳에서 촬영을 하시고는 급기야 그 비디오 카메라를 놔두고 가라고 하셨다. 우리도 방금 사서 써 볼려고 하는데 두고 가라니 황당하고 서운해서, "저 새 물건을 놔두고 가라고 하다니 욕심도 많구만, 저런 분이 어찌 도인이지?"라고 생각했다.
　지금 미국에서 포교하고 계시는 원영스님께서 안경 낀 눈으로 한 쪽 눈을 찡그려 가면서, 비디오 찍는 기술을 익힌다고 상당한 고생을 하셨다. 그때의 비디오는 조작이 어려웠다. 원영스님께서 상

당기간 시행착오를 거쳐서 어느 정도 능숙하게 기계를 다루셨다. 그때 찍었던 절 안, 절 뒤 바위 등지에서 찍은 성철스님의 모습이 아직도 남아 있다. 물론 비디오 카메라는 나중에 돌려주셨다. 그 후 폴라로이드 카메라가 나왔을 때도 사진을 찍자마자 현상되어 나오는 것을 보고 마치 어린애처럼 좋아하셨다 한다.

어쨌든 근 10여 년을 다녀도 나는 그 도인이라 불리는 성철스님에게서 어떤 특별한 면을 발견할 수 없었다. 가면 물끄러미 쳐다보고, 어떤 때는 화난 것처럼 사람을 쳐다보기도 했다. 그 뿐이었다. 너무나 평범하고 무미건조하고 진부했다. 그래도 사람들은 너나 할 것 없이 성철스님을 도인이라는 것이다. 당시 부친께서는 모직물을 취급하고 있어서 스님들 옷 해 입으시라고 회색빛 모직물을 한 필(한 필이면 수 십 명분의 옷감이다)과 봉투에 돈도 넣어서 백련암에 갖다 드렸다. 그런데 거기 가봐야 소금에 절인 김치, 된장, 보리밥을 먹고, 또 성철스님께서도 별 말씀도 없으시고, 내 힘으로 하는 절만 하고 돌아오는 것을 반복하다 보니, "여기 왜 오지? 이거 우리가 너무 손해 보는 장사가 아닌가?"라고 생각하기도 했다.

어쩌다가 성철스님께서 기분이 좋으시면 등나무 의자에 앉으셔서 해태제과에서 나온 동그란 깡통 안에서 알사탕 하나를 주곤 하셨는데, 그거 얻어먹고 오면 대접 잘 받은 것이었다. 그것도 어른들에게는 잘 주지도 않았다. 그 사탕 통 안에 플라스틱으로 된 하얀 스푼이 있었다. 그때는 위생관념이 별로 없어 무엇이든 손으로 집어먹고 대충대충 했는데, 성철스님이 그 하얀 스푼으로 사탕 한 알을 떠서 아이들에게 주시는 것을 보고 있노라면, 하얀 스푼, 스푼을 드는 스님의 손동작, 하얀 색깔과 그곳에 감도는 맑은 기운 등으로 묘한 신비감을 연출했다.

그 당시는 먹을 것을 주더라도 손으로 집어주는 게 보통이어서 겨우 사탕 하나 주면서 무슨 대단한 약 한 알 주듯이 위생과 청결을 신경 쓰는 것 같아서 묘한 기분이 들었던 것이다. 왜냐하면 그때 시골에서는 용변보고 난 뒤 호박잎으로 뒷처리를 하는 경우도 있었는데 황당하게 호박잎에 빵구가 나면 "에이 씨 오늘 재수 없네."라며 손을 씻었던 시절이었다. 따라서 화장실에서 신문지를 사용하면 아주 고급이었다. 비록 뒤가 시커멓게 될지라도 말이다.

성철스님은 특히 어린이들에게 사탕을 잘 나누어주셨다. "어린이를 집안에서 주불로 모셔야 합니다. 사람이란 나이가 들수록 때가 묻기 마련입니다. 나는 때 안 묻은 어린이 편입니다. 어른이 때 안 묻은 생활을 하기 위해서 어린이를 본받아야 합니다."고 법문에서도 강조하시곤 하셨다.

안성의 도오거사는 1982년 백련암에 왔을 때 스님께서 보자마자 툭 치며 마치 오래전부터 잘 아는 것처럼 "형하고 잘 지내고, 공부 열심히 해라."고 하셨다고 말한다. 그 뒤 몇 십 년 세월이 지난 지금 공부를 열심히 하지 않아 일도 잘 풀리지도 않았고, 형과의 사이도 좋지 않은 상태라고 한다. 도오거사가 기억하기를 어린 시절 백련암은 절 마당에 멍석과 텐트를 설치하고 아비라기도를 했는데 사람들이 성철스님 옆에 가면 기를 받는다며 스님 옆으로 일부러 가려고 했다 한다. 성철스님은 보통 걸음이 아니라 마치 특수부대원처럼 척척 걸어서 어린 나이에 보아도 알 수 없는 기운이 느껴졌었고 마치 사람이 아닌 것 같았다고 한다.

성철스님의 그때 그 말씀을 잘 실천하여 형과 잘 지내고 공부도 열심히 했다면 지금의 아쉬운 상황은 되지 않았을 텐데 후회해도 늦은 일일 뿐이다. 그러나 불교의 교리에 절망은 없다. 항상 깊이 뉘우치고, 깨닫고, 실천하면 항상 새로운 길이 열려 있다.

## 성철스님의 일갈

　　　　　　하늘에 떠가는 구름도 말을 하고 산들거리는 꽃잎과 나뭇잎에도 행복해 하던 사춘기의 정서와는 상관없이 무조건 공부만 해야 하는 스파르타식 교육과 주입식 교육에 나는 무척 괴로웠다. 오로지 시험성적과 출세를 위해서 몰입하는 한국의 학교 교육제도에서 행복할 수가 없었다. 후일 프랑스에 가서 내가 좋아하는 것을 골라 공부할 때는 3년 반 만에 박사학위를 땄다.

　1977년 당시만 해도 전국의 대학생 모두가 4만 명 정도밖에 안 되어, 서울의 제법 이름 있는 대학교에 다니면 엘리트라고 자부하던 시대였다. 입시 지옥에 생고생을 한 나는 어렵게 대학에 들어가서 이제는 나름대로 지성인이 되었답시고, 장발을 하고, 자신만만

하게 백련암으로 갔다.

  중학교, 고등학교 시절, 백련암에 가서 아무리 성철스님 주위를 어슬렁거려도 별 말씀도 없고 "오나, 가나" 정도 말만 하시고 별로 웃지도 않았다. 오히려 엄한 표정으로 쳐다보던 스님께 이제는 대학생이 되었으니 나도 그럴듯한 말을 던지고 스님의 대답도 듣고 싶었다. 이제는 성철스님이 뭐라고 하시면 나도 한 마디쯤 할 수 있으리라는 생각에 회심의 미소를 지으며 고갯길을 올라갔다. 해인사 경내에서 백련암으로 들어가는 길로 접어들어 비탈길을 걸으며 스님들 법골을 모신 부도를 지나고, 호랑이 탄 도인이 그려진 안내판을 지나며 보무당당히 올라갔다.

  스님 앞에 가서 그럴듯한 말을 하면 스님께서 깜짝 놀라시며 "그런 대단한 생각을 하다니."라고 칭찬이라도 해줄 것을 기대하며 발걸음을 재촉했다. 드디어 돌계단을 올라가 당당하게 '백련암'이라고 쓰인 일주문을 지나 안으로 들어가자, 스님께서는 장경각 앞에 걸터앉아 계셨다. 대나무 문을 들어섰을 때 한 번 쓱 쳐다보는데 순간 웬지 느낌이 별로 좋지 않았다.

  약간의 불길한 느낌과 께름칙한 마음으로 그래도 혹시나 하고 다가가서 스님께 반 배를 하고 고개를 들었다. 고개를 들자마자 스님께서 쳐다보고 하시는 말씀이 "니가 대학에 놀러갔지, 공부하러 갔나?"라고 하셨다. 내가 비탈길을 올라서 절 문 앞까지 오면서 하던 생각을 다 읽고 계셨던 것이다. 나는 맥이 탁 풀리고 기가 꺾여 고개가 푹 숙여졌다. 오늘도 스님께 한 말씀은커녕 말도 못 꺼내고 한방 맞은 것이다. 나는 그 날도 끙끙대며 무조건 삼천배를 해야 했다.

그랬다. 그때만 해도 대학교 들어가면 고등학교 3년 동안의 입시 지옥에서 벗어났다고 1학년은 놀기 일쑤였다. 그러다 보니 F학점으로 성적표를 까는 게 유행이었다. 또 그 당시 내 마음에 어떤 뚜렷한 목표도 없었고 그저 막연한 자부심만 가득했으니 스님이 보시기에 철부지도 보통 철부지가 아니었을 것이다. 그러나 아무리 그게 사실이라 할지라도 부산에서 먼 길을 달려간 나에게 "대학교 입학을 축하한다"든지, "공부한다고 수고 했다"도 아니고, "놀기 위해 대학 갔다"고 하시니 그만 맥이 탁 풀려 버렸다.

나는 엘리트 대우는커녕 최소한의 인간 대우도 받지 못한 상태에서 또 삼천배를 해야 했다. 그런데 나중에 알고 보니 스님께서 나에게 한 말은 약과였다. 스님께서 종정으로 취임하고 나서 주지 발령을 받은 스님들이 인사를 하러오면 다음과 같이 일갈을 하셨다.

"니 언제 어디서 행자 생활했던 그 아 아이가? 그때 콧물 줄줄 흘리던 조그만 것이 우째 벌써 주지가 됐노?"라고 말하여 상대방 기를 팍 꺾어버리는가 하면, 이보다 더한 경우도 있었다.

"아이구 니가 다 주지가 됐나? 너그 산중에 그렇기 사람이 없나? 니 어릴 때 우리한테 보여주던 불알 옆에 검은 점 아직도 있나?"라고 하니 포복절도할 노릇이었다.

주지 임명을 받고 엄숙한 표정으로 이제는 중진 내지는 원로스님으로 왔는데, 초창기 어릴 때 이야기, 그것도 창피한 이야기를 하니 기절초풍 내지 혼비백산할 일이었다. 어떤 스님은 돌아가면서 성을 내고, 어떤 스님은 "아무리 그래도 그렇지 고렇코롬 말할 수가 있나?"하며 엄청 서운해 했다고 한다. 보다 못한 주위 스님들이 성철스님께 다음부터는 인사 오는 스님들께 덕담도 하시고 반갑게 대하라고 말씀을 드렸다. 그랬더니 "와? 그 주지가 뭐라 카드나? 나는 옛날 생각이 나서 반갑다고 캤는데 저거는 듣기 싫은 갑제? 그러키나 말았기나 나 하고 싶은 대로 해야지 저그 눈치 볼거 있나?"라고 하셨다 한다.

어쨌든 그때 나와 같이 갔던 친구는 삼천배를 하면서 기진맥진해서 몇 번이나 나동그라지면서 절을 했다. 그 친구는 부산 해운대를 보러왔다가 해인사에 간다하니까, "삼천배? 그거 같이 하지 뭐!"하고 따라왔었다. 그런데 가볍게 말로 하던 삼천배를 실제로 하니 이게 보통 일이 아니었다. 엎어지고 넘어지고 뒤집어지고 죽을 고생을 하다 보니 중도에 그만 둬야하는데, 자존심 때문에 죽을 둥 살둥 억지로 하고 다음날 다리를 절뚝절뚝 절며 내려왔다. 그러면서 하는 말이 "지금까지는 중이라고 했는데 이제부터는 스님이라고 해야겠네."였다.

그 친구는 수원에 가서 사흘동안 제대로 운신을 못했다 한다. 그리고 그날 이후 숫자 이야기 할 때는 고개를 갸우뚱거리며 조심스럽게 했다. 그래도 친구의 부모님은 나에게 고마워했다. 왜냐하면 내 덕분에 자기 아들이 삼천배를 해냈기 때문이다.

대학교에 다니던 어느 날 지금은 돌아가신 원명스님께서 "너도 머리 깎아라."라고 하시는 게 아닌가! 그때만 해도 사업을 하다 망해서 스님이 되었거나, 연애에 실패해서 스님이 되었거나, 대학입시에 실패해서 출가했다거나 등등의 경우가 많아서 스님이 그다지 좋아 보이지 않았고 존경스럽게 비치지 않았다. 따라서 사회에서 실패하거나 무언가 모자라는 사람이 스님이 되는 경우가 많다고 생각했고, 불교가 무엇인지, 도가 무엇인지 전혀 개념도 없었다.

양복을 입고 넥타이를 매고 폼 재고 절에 찾아간 나에게, "머리 깎아라."라고 하는 말이 제대로 들릴 리가 없었다. 내 잘난 맛에 빠져서 세상이 장밋빛으로만 보였고, "하이고, 내가 왜 머리를 깎아! 세상에 이렇게 재미있는 것도 많고, 예쁜 여자도 많고, 맛있는 것도 많은데, 이 좋은 세상에 왜 그 심심한 스님 생활을 해?" 하고 단번에 거절했다. 그 당시 나는 정말 철이 없었다.

# 성철스님의 혜안

　　　　　　대학에 들어와서도 틈틈이 가서 절도 하고 그곳에 처음 가는 사람을 안내해 주기도 하며 백련암에 다녔다. 그렇게 가다 보니 성철스님 눈에도 나의 어떤 부분이 읽혀진 것 같았다. 1982년 대학원에 다니던 어느 날이었다. 가족과 함께 백련암으로 간 그 날 저녁 성철스님께서 직접 우리가 머무르고 있는 곳으로 오셔서 이것저것 자상하게 물어보셨다. 그 날이 아마 스님께서 말을 제일 많이 하신 날 같았다.

　　그날 저녁 밖으로 나갔는데 성철스님께서 어두컴컴한 백련암에서 계시다가 갑자기 나를 손가락으로 가리키면서 한 말씀을 하시는데 하루 300배씩 하라는 것이었다. 그러면서 이것은 스님을 위해서가 아니고 나를 위해서라고 하셨다. 나는 그때 그 말이 무슨 뜻인지 잘 몰랐다. 말씀하시는 모습이나 자태가 평소에 절 하라고 할 때 모습과는 너무 다른 엄숙하고 날카로운 무언가가 있었다.

나중에 생각해 보면 스님은 예언을 하신 것이다. 미래의 내 모습을 보고 스스로 힘을 기르라고 300배를 하라고 하신 것이었다. 나는 그 당시만 해도 세상이 만만해 보이고 모든 일이 술술 잘 풀릴 줄 알았다. 나에게 어떤 불행이 올 것 같지는 않았다. 그것은 남의 일인 줄 알았다. 그러나 나에게도 전혀 예상 밖의 일들이 일어났다.

그 후 세상에서 여러 가지 일을 겪고 허덕이면서, 그 날 저녁 스님께서 신비한 어둠 속에서 왜 그런 말씀을 하셨는지 똑똑히 알게 되었다. 어떤 신도들은 성철스님께서 집에 빨리 가보라고 하면 수표 부도가 났다거나, 거래처 시장에 불이 났다거나 등등 신기한 일들을 겪었다고 말한다.

성전에 계실 때 어느 날, 성철스님 생신이 되어 스님과 신도들이 모여 떡을 만들고 있는데 스님께서 보셨다. "너그 뭐하노?" "스님 생신 떡 만듭니다."

순간, 성철스님은 표정이 확 바뀌며 마당의 흙을 한 줌 집어서 떡 위에 뿌려버렸다. 그 뒤로 아무도 생신 떡을 만들고 생일상을 차릴 생각을 하지 않았다고 한다. 애초부터 부수적인 일에 시간과 정성을 쏟을 싹을 아예 없애버린 것이다.

스님의 매끼 식사는 어린 아이 밥그릇의 밥, 솔잎 한 숟가락, 소금이나 간장으로 간을 하지 않은 무염식의 콩 10그램, 당근 몇 쪽, 이것이 전부였다. 시찬 스님이 부엌에 저울을 갖다놓고 콩을 달아서 준비를 하는데도 불구하고 어떤 때 콩이 한두 알 더 들어가면 희한하게도 그걸 아시고 날벼락이 떨어졌다고 한다. 또 콩 10그램이면 콩 몇 개인지 알아서 다음에는 저울로 안 재고 그 개수만큼 놓았더니 그때도 불호령이 떨어졌다. "이놈아 콩도 큰 게 있고 작은 게 있다."라고 하시니 시찬 스님은 할 말이 없었다. 그 소량의 음식에도 불구하고 얼굴에는 항상 불그스레한 화기가 감돌았고 고함을 치면 온 가야산이 쩌렁쩌렁 울렸다.

성철스님은 "수행자는 절대 게을러서는 안 된다. 시간을 생명처럼 아껴야 한다."고 말하시며, 새벽 2시쯤 일어나 3시에 일체중생을 위한 108참회 기도를 하고, 소량의 무염식 공양을 하고, 하루 한두 번 산책하고, 채소밭과 정원수를 돌보고, 삼천배를 마친 신도와 공부를 점검받으려는 스님들 접견하는 시간 외에는 하루 종일 독서와 참선으로 일관했다. 임종 얼마 전까지도 이부자리를 당신이 직접 펴셨고 시자에게 시키지 않았다고 한다. 털끝만큼도 남의 신세를 지지 않은 것이다. 밥도 여자가 한 밥은 먹지 않았다고 한다. 여자가 한 밥은 밥의 기운이 다르기 때문이란다. 일반 사람은 이해도 안 가고 구별도 안 되는 경지이다. 성철스님께서 열반에 드

실 때 마지막으로 일으켜 세우라고 해서 몸을 세워드렸더니 "참선 잘 하라."는 마지막 말을 마치고 입적하셨다.

원택스님에 의하면 스님은 자신을 관리하는 일에도 게을리하지 않았는데 어느 날 새벽 우연히 스님 방에 들어갔더니 땀을 뻘뻘 흘리며 벽에 물구나무를 서고 계신 걸 보았는가 하면, 스님은 새벽마다 빼놓지 않고 요가 같은 선 체조와 108배를 했고, 점심 후에는 꼭 한두 시간씩 산책을 했다고 하신다.

우리가 잘 알고 있다시피 성철스님은 자신을 따르는 불자들에게 늘 '남모르게 남을 도와주라'고 강조하셨다. 백련암에는 성철스님이 심어놓은 백모란, 작약이 아직도 있다. 성철스님은 말년에 꽃을 무척 좋아했고 특히 백모란, 겹작약, 장미를 좋아했다. 그러나 벌레가 생기고 그것들을 죽이기 위해 약을 쳐야 할 상황에 이르자 장미 기르기를 멈추었다. 스님은 누운 향나무, 은행나무, 대나무도 좋아했다. 특히 토종의 누운 향나무는 가시가 없다고 더 좋아하셨다. 한번은 누운 향나무가 시멘트 포대에 눌려 있는 것을 보고 지나가던 스님에게 "향나무 가지가 저렇게 눌려 있는데 니 보기 좋나? 향나무 가지 좀 편하게 해주라는데 뭣이 바빠서 말을 안 듣노?" 하고 호통을 쳤다고 한다. 스님은 대나무 중에서 검은 대나무 즉 오죽을 좋아해서 심어놓고 살리려 했는데 실패한 적도 있었다. 철두철미하고 투박한 스님의 마음속에 꽃을 좋아하는 부드러움도 있었던 것이다.

성철스님은 도인이면서도 평소에는 특별한 모습을 보여주지 않고 평범함과 무미건조함으로 일관했다. 하지만 그 평범함은 우주와 합일된 진리의 세계이면서, 아무 것에도 걸리지 않고 아무 것에도 흔들리지 않는 비범함이었고, 평범한 사람이 따라 하기 힘든 너무나 특이한 것이었다. 그 평범함이 성철 큰스님의 참 모습이었다. 성철스님께서는 "한 달에 한 번 보약 먹는 셈치고 삼천배를 하라."고 강조하셨다. 또 "무슨 일이든 올바른 해결은 부처님께 맡기고, 어려운 일이 닥치면 삼천배를 하라." 하셨다.

# 성철스님의 생애

성철스님은 1912년 4월 10일 경남 산청에서 꼿꼿한 성품의 아버지 합천 이씨 이상언씨와 어머니 강상봉 씨 사이에 7남매 중 장남으로 태어났다. 이상언의 자는 사문(士文), 아호는 율은(栗隱)으로 강직하고 굳건한 선비였다. 어머니는 선비집안의 무남독녀로 태어나 큰 인물을 낳겠다는 포부로 못생긴 과일이나 뒤틀어진 오이도 먹지않고 항상 품행을 단정히 했다. 임신했을 때는 밖에 나가지도 않고, 평상의 귀퉁이에도 앉지 않았으며 지성으로 집에서 기도를 드렸다.

속명 이영주였던 성철스님의 집안은 넉넉한 재산으로 여유로웠으며 유교적 가풍으로 이루어져 있었다. 아버지는 스님이 출가할 때 "석가모니는 내 원수니, 나는 석가모니한테 복수하는 수밖에 없다 아이가."라고 하며 경호강에 작은 물고기까지 모조리 잡히는 그물을 설치했다고 한다. 불교의 첫 번째 계율인 살생을 함으로써 출가한 아들에 대한 불편한 심기를 드러낸 것이다.

부농 집안에 장남으로 태어난 스님은 어린 시절을 유복하게 보낼 수 있었다. 부모님은 물론이요 집안의 기대와 귀여움을 한 몸에 받으며 자란 스님은 천성이 명민하여 3세에 글자를 알고 읽기 시작하여 『천자문』, 『소학』, 『대학』을 할아버지로부터 배웠다. 5세에는 글을 짓고 시를 지을 만큼 자질이 뛰어났으며, 이미 열 살 무렵에 사서삼경 등 유서(儒書)를 읽고 모든 경서(經書)를 독파하였으니 인근에서는 신동이 났다는 소문이 퍼졌다. 초등학교 때는 『삼국지』, 『서유기』 등을 읽는다고 시간 가는 줄도 몰랐다. 특히 학교에서 오는 도중 나무 그늘에서 『삼국지』의 적벽대전을 읽다가 해가 저물어 온 집안사람이 찾아 나서기도 했다. 어린 시절 성철스님은 항상 생각이 많고 책을 좋아했다.

청소년기에 이르자 스님의 관심은 더 이상 세속세계에 머물지 않고 좀 더 궁극적이고 근원적인 문제에 접근하기 시작하였다. 스님은 신학문과 철학과 종교 등 여러 학문에 대해 굶주린 사람처럼 열정을 가지고 독서를 했으나 마음에 차지 않았다. 그 중 『장자』가 마음에 들어 계속 읽고 도와 합치되어 편견과 얽매임을 벗어나 노니는 자유의 경지인 소요유(消謠遊)를 실천하려 했다.

1935년 24살이 된 어느 날 어떤 스님이 전해준 영가대사의 『증도가』를 읽었다. 스님은 그 책을 읽는 순간 마치 캄캄한 밤중에 밝은 횃불을 만난 듯 했다. '아, 이런 공부가 있구나'. 성철스님은 80년대 한 대담에서 이때를 회상하며 말씀하셨다.

"밤중에 해가 뜨는 것 같고, 내 갈 길이 환히 비치는 것 같았다. 출가하기 전에도 감명 깊게 외웠고, 지금도 그 책으로 생활해 가고 있는 셈이다."

『증도가』에서 삶의 해답을 찾은 스님은 지리산 대원사로 향했다. 처음 대원사를 찾았을 때 대처승들 때문에 빨래줄에는 여자 속옷, 아기 기저귀가 걸려 있었다. 그때 성철스님은 결심했다.

"저런 것들이 스님이라면 죽어도 스님 안 되겠다."

"부처님과 불교는 믿어도 저런 사이비 스님은 안 되겠다."

스님은 대원사 탑전에서 눕지 않고 앉아서 수행하는 장좌불와(長坐不臥) 정진에 들어갔다. 너무나 철저한 수행에 대원사의 스님들도 부담을 느낄 정도였다. 대혜스님의 『서장』과 「불교」라는 잡지를 보고 '무'자 화두에 매달린 지 42일 째에 오나가나, 앉으나 서나, 말할 때나 묵언할 때나 상관없이 화두가 성성한 '동정일여(動靜一如)'의 경지에 들어갔다. 대원사에서는 스님보다 더 지독하고 철저하게 공부만 하는 '고집 센 속인' 때문에 고민하다 해인사로 공문

을 보냈다. 그 소문을 듣고 찾아온 해인사 효당 최범술 스님은 해인사로 돌아갈 것을 간곡히 권했다.

"해인사에 가서 큰스님들 지도를 받읍시다."

"여기 대원사도 조용하고 좋은데 일부러 해인사로 찾아가겠습니까."

성철스님은 결국 권유에 이끌려서 해인사로 갔다. 해인사 퇴설당에서 머물면서 정진했지만 공부만 할 뿐 출가에 대한 생각은 없었다. 그러나 스님은 하동산 스님을 만나고 그 권유로 해인사 백련암에서 수계하였다. 이로부터 10년간 천하 제방(諸方) 선원에 안거

하면서 용맹정진을 단행하였는데, 음식은 언제나 생식(生食)과 담식(淡食)으로 일관하였다. 그리고 의복은 24세에 만든 누더기를 일생 동안 깁고 또 기워 입으셨다. 성철스님께서 쓰신 발원문은 다음과 같다.

원아견응철석심(願我堅凝鐵石心)
세세항수무루선(世世恒修無漏禪)
대지대덕대용맹(大智大德大勇猛)
만중장혹순탕진(萬重障惑順蕩盡)
대각불답여신영(擡脚不踏女身影)
하구나교중생육(下口那咬衆生肉)
청정신시피사전(淸淨信施避似箭)
호귀영예시여구(豪貴榮譽視如仇)
일거직충김쇄관(一擧直衝金鎖關)
맥용비로정상행(驀踊毘盧頂上行)
정엄보제대도량(淨嚴菩提大道場)
진미래겁상자재(盡未來劫常自在)
진사법계무변찰(塵沙法界無邊刹)

천류만형시응현(千類萬形視應現)
고제김강보왕검(高提金剛寶王劍)
확개향상비묘장(廓開向上秘妙藏)

일체함령도무여(一切含靈度無餘)
영사법해득청안(永使法海得淸晏)
허공수연유가괴(虛空雖然有可壞)
아원종당불동이(我願終當不動移)
시방삼세무상존(十方三世無上尊)
특수자애밀가호(特垂慈哀密加護)
소멸일체제장애(消滅一切諸障碍)
질속원만시대원(疾速圓滿是大願)

소림문손 성철 화남근계(少林門孫 性徹 和南謹啓)


발원하옵나니,
철석같이 단단한 마음으로
세세생생 무루선 닦아
크고 큰 지혜와 덕, 커다란 용맹심으로
만겁 장애 만겁 미혹 모두 녹아지이다.
여자의 몸은 그림자도 닿지 않으며
중생의 고기는 그 어디에 입을 대리오.
깨끗한 시주물이라도 화살인 듯 피하고
부귀와 영화는 원수 보듯 하여서
굳게 닫힌 쇠관문을 단번에 뚫고
비로정상에 훌쩍 뛰어올라서

보리의 대도량 청정하게 장엄하고 미래겁이
다하도록 언제나 자재하여지이다.
한없는 법계 끝없는
국토에 천만 가지 모습으로 나투어서
금강의 보배검을 높이 쳐들고
향상의 비밀 창고 활짝 열어서
일체 중생을 남김없이 제도하고
법의 바다 영원히
청정과 평안하게 하여지이다.
저 허공은 비록 깨어진다 하여도
나의 원은 끝끝내 꿈쩍도 않으리.
시방삼세에 더없이 높으신 분이시여,
오직 애민자비를 내려
비밀히 가호하시어
모든 장애 녹아 없어지고 어서
빨리 이 큰 원 이루어지게 하여지이다.

소림산문의 후손 성철은 합장 예배하고 삼가 아뢰다.

금강산의 마하연선원, 수덕사의 정혜사선원, 천성산의 내원선원, 통도사 백련선원 등 모든 선원에서 안거를 할 때마다 스님의 철저한 정진력에 누구나 감복하였고, 그 밖에 고성 안정사 토굴에서의 정진이나 파계사 성전암에서의 동구불출의 수행은 더욱 철저했다. 성전암에서 10년 동안 수많은 조사어록과 경전, 수학, 과학 등 학문을 연구하며 이론적 토대를 확고히 하셨다. 세속적인 모든 것을 끊기 위해 토굴 주위에 가시철망을 쳤고, 가족들이 찾아올 것을 미리 알고 피하거나 사람들이 오는 길목 쪽으로 돌을 굴렸다는 극단적인 이야기도 전해진다. 참다운 대자유자재를 얻기까지 스님은 범어사로 통도사로, 하안거와 동안거 등 끊임없이 정진했다. 스님에게 있어 수행에 관한 욕심이 유일한 욕심이었다. 성철스님께서 젊은 시절 스스로에게 다짐한 12가지 계율은 다음과 같다.

【 십이명(十二銘) 】

목불주 잠상지의(目不注 簪裳之儀)
이불경 진속지담(耳不傾 塵俗之談)
수불착 전폐지보(手不捉 錢弊之寶)
기부접 견백지유(肌不接 絹帛之綌)
신불근 단가지시(身不近 檀家之施)
영불과 니사지원(影不過 尼寺之垣)
비불후 신훈지채(鼻不齅 辛葷之菜)
치불설 생령지육(齒不齧 生靈之肉)
심불계 시비지단(心不繫 是非之端)

의부전   역순지기(意不轉　逆順之機)
예불간   동녀지족(禮不揀　童女之足)
설부농   타인지구(舌不弄　他人之咎)

아녀자에게는 눈길도 주지 않으리라.
속세의 헛된 이야기에는 귀를 기울이지 않으리라.
돈이나 재물에는 손도 대지 않으리라.
좋은 옷에는 닿지도 않으리라.
신도의 시주물에는 몸도 가까이하지 않으리라.
비구니 절에는 그림자도 지나지 않으리라.
고기는 이로 씹지도 않으리라.
냄새 독한 채소는 냄새도 맡지 않으리라.
시시비비에는 마음도 사로잡히지 않으리라.
좋고 나쁜 기회에 따라 마음을 바꾸지 않으리라.
절을 하는 데는 여자아이라도 가리지 않으리라.
다른 이의 허물은 농담도 하지 않으리라.

　1938년 성철스님은 통도사 백련암에서 동안거를 끝내자마자 부산 범어사 내원암으로 옮겨 여름을 지낼 무렵, 잠을 자지 않고 수행하는 용맹정진을 하자고 주장했다.  그러나 다른 스님들이 동참하지 않고 방일하자 성철스님은 선방스님들에게 소리쳤다.
　"이만한 것도 참지 못해서 무슨 정진을 하겠는가."

다른 스님들이 삿대질을 하며 벌떡 일어났다. "너 잘났다.", "너 혼자 수행자냐?" 말다툼 끝에 육박전까지 벌어졌다. 암자를 책임지던 동산스님이 스님을 불러 꾸짖었다. "공부하고 싶으면 자네나 열심히 하면 되지, 안 하려는 사람까지 왜 강요하며 소란을 피우느냐?"

스님께서 금당선원에서 하안거 수행 중이던 1939년 여름, 동화사 요사채에 불이 났다. 성철스님은 불길이 다 잡혔을 무렵 부삽과 부집게를 들고 나타나서, 타다 남은 숯불을 모아 약을 달이기 시작했다. "불이 나서 모두가 정신없는데, 어찌 저런 무심한 짓을…." 주위의 스님들이 웅성거렸다. 보통 사람 같았으면 몰매를 맞고 초죽음이 될 수도 있는 상황이었다. 참선하는 스님이 이상한 행동을 하면 식광이 들었다고 한다, 참선 수행자의 식광을 아는 주지 스님이 나서서 정리를 했다. "수좌 스님이라 저런 짓을 하지." 후일 성철스님은 "나도 그때 내가 와 그런 짓을 했는지 모르겠데이."라고 하셨다 한다.

1939년 금강산 마하연에서 정진하던 스님에게 속가의 어머니가 찾아왔다. 성철스님이 일말의 여지도 없이 볼 필요 없다는 듯 외면하자, 어머니는 "내 니 보러 안 왔다. 금강산 구경하러 왔다."라고 하셨다. 그 광경을 보고 스님들의 대중공사가 열렸다. "아무리 생

사를 걸고 수행하는 수도승이지만 어머니가 먼 진주에서 여기까지 찾아왔으니 마냥 외면하는 것도 도리가 아니다. 어머니 말씀대로 금강산 구경을 시켜드리던지, 아니면 선방에서 떠나야 한다."는 스님들의 결의에 따라 성철스님은 참선수행을 중단하고 어머니를 모시고 금강산 유람을 시켜드렸다.

　스님이 출가한 뒤 어머니는 음식과 의복을 챙겨서 가는 곳마다 따라다녔는데 그것을 안 부친이 "찾아다니지 말라."며 화롯불을 던진 것이 왼쪽 눈에 맞아 실명을 하고 말았다. 스님의 어머니는 그후 정진에 몰두하여 산속에서 포행할 때 호랑이 눈이 번쩍해도 동요하지 않았다 한다. 심지가 굳을 뿐 아니라 불심도 깊어서 임종할 때에 "다음 생에는 출가하여 손녀 불필의 상좌가 되겠다."고 말할 정도였다.

일편단심 그리움과 원망 속에 남편이 돌아오기만을 기다리던 성철스님의 속가 부인은 결국 딸이 있는 석남사로 출가를 했다. 일휴라는 법명으로 늦게 출가했지만 관절염으로 무릎이 아픈 와중에도 매일 1,000배를 했고, 24시간 동안 좌복에 앉아 있을 때도 있었다. 16년 동안 치열하게 정진하다가 어느 무더운 여름날, "오늘 갈란다."라고 말했다. 비록 앞에 여러 번 그 말을 했지만 딸인 불필스님이 다른 스님들과 2시간 동안 즐겁게 놀아드리다가 옥류동에 올라가 저녁을 먹고 쉬고 있는데 시자가 달려왔다고 한다. 그 날 일휴스님이 "시원한 수박이 먹고 싶다."고 했는데 마침 어느 비구 스님이 수박 한 차를 싣고 왔다. 그런데 그 수박을 한두 조각 먹고, 저녁 공양으로 찰 떡국을 한 술 먹고 두 술째 뜨다가 그대로 앉은 채 입적에 들고 말았다. 음력 6월 6일이었으며 일휴스님은 사흘 후 장작더미와 함께 한줌 재로 변했다. 사십구재가 있던 날 비도 오지 않았는데 가지산에 무지개가 서고 그 빛이 뻗어서 별당 앞 연못의 물이 황금색으로 변해 석남사 대중 스님들도 모두 놀랄 정도였다.

출가한 지 4년만인 1940년 29세에 '무'자 화두를 참구하던 성철스님은 마침내 칠흑같은 어둠을 뚫고 자신의 본래 성품을 깨달았다. 동화사 금당선원에서 깨달음을 얻어 눈부신 법열의 세계로 들어간 것이다. 그리고 다음과 같이 오도송을 읊었다.

> 황하서류곤륜정(黃河西流崑崙頂)하니
> 일월무광대지침(日月無光大地沈)이라
> 거연일소회수립(遽然一笑回首立)하니
> 청산의구백운중(靑山依舊白雲中)이로다.

> 황하수 곤륜산 정상으로 거꾸로 흐르니
> 해와 달은 빛을 잃고 땅은 꺼지는도다
> 문득 한 번 웃고 머리를 돌려 서니
> 청산은 예대로 흰 구름 속에 섰네.

성철스님은 깨달음에 대해 항상 이렇게 말했다. "마음을 깨쳐 성불, 부처를 이루어야 한다. '마음을 깨친다'는 것은 꿈을 깨는 것과 같다. 또 '마음을 깨친다'는 것은 무심을 증득하는 것이다. 무심을 증득하면 꿈을 깬 사람, 마음의 눈을 뜬 사람이 되어 대자유의 자재로운 활동을 하게 된다. 이렇게 되면 부처도 조사도 필요 없는 참다운 대자유자재가 된다."

비록 글로 씌어져 있지만 이 '오도송'을 글 뜻으로 해석하는 것은 불가능한 일이다. 그 심오한 경지는 단지 깨달은 사람만이 알 수 있는 것이다. 단지 바다 백사장에서 모래 한 알이라도 집는 심정으로 이야기 하자면, "황하수 곤륜산 정상으로 거꾸로 흐르니, 해와 달은 빛을 잃고 땅은 꺼지는도다"는 완전한 깨달음의 순간, '문득 한 번 웃고 머리를 돌려 서니'는 사고체계의 완전한 뒤바뀜, 환골탈태 뒤의 순간, "청산은 예대로 흰 구름 속에 섰네"는 깨닫고 난 뒤 다시 보는 우주가 아닌가 생각한다.

오도를 하신 후에도 스님의 삶은 조금도 달라지지 않았다. 수행자의 삶 그대로 견지하셨다. 스님의 삶의 태도는 너무나 엄격해서 조금도 흐트러짐이 없으셨다. 나이 일흔이 되실 때까지도 손수 양말을 기워 신었으며 한 겨울이라도 땔감의 양을 결코 지나치게 하는 법이 없으셨다. 콩나물 하나 잡으러 계곡을 달려 내려간 운문스님처럼 휴지도 극도로 아껴 쓰고, 달력 뒷면을 원고지로 대신하여 글을 썼다. 평생을 바루 하나 옷 한 벌의 전형적인 수도자의 삶을 보이셨다.

깨달음을 얻은 후에도 여러 선원에서 안거와 익히지 않은 음식을 하루에 한 끼만 먹고, 눕지도 자지도 않는 장좌불와로 정진했다. 성철스님의 장좌불와에 대한 소문은 온 전국에 퍼졌다. 성철스님이 서울의 도봉산 망월사에 잠시 들렀을 때, 성철스님이 계신 방 문 밖에서 구멍을 뚫고 밤새 지켜본 춘성스님은 장좌불와를 직접 확인했다. 그때 나이 55세로 평생 제대로 확실한 수행을 제대로 못한 것을 뼈저리게 후회한 춘성스님은 장좌불와를 시작했다.

그러나 그 며칠 후 춘성스님의 사족이 흐늘거리고 이가 흔들거리더니 모두 빠져버렸다. 결국 장좌불와를 멈추어야 했지만 춘성스님에게 장좌불와라는 철저한 수행은 가슴 속 깊이 각인되었다. 장좌불와는 그렇게 세간에 알려지게 되고 유명하게 되었다. 이렇듯 장좌불와는 그것이 어느 단계에 가면 저절로 되는 것이지 도인 흉내를 내기 위해 억지로 하는 것이 아니다. 그럼에도 불구하고 어떤 스님들은 용을 쓰며 억지로 흉내만 내고 "나도 장좌불와 10년, 20년 등등을 했다."고 주장한다.

성철스님이 열반하기 며칠 전 스님께서 기력이 쇠하여 누워계신 것을 보고 제자인 원융스님이 "지금도 화두가 성성합니까? 하고 묻자 벌떡 일어나 뺨을 한 대 때리고 다시 누우셨다고 한다. 이 이야기 또한 소문을 따라 전국 선방으로 퍼져 나갔다.

# 성철스님의 용맹정진

　　　　　　현재 대한민국은 이 한반도에 사람들이 살아온 이후 최고의 번영을 누리고 있다. 마트에 가면 어딜 가나 생활에 필요한 물품이 산더미처럼 쌓여 있다. 이란의 석류, 이스라엘 오렌지, 노르웨이 고등어와 참치, 벨기에의 돼지, 미국의 소, 태국의 해산물 등등 옛날의 임금님도 먹어보지 못했던 세계 각국의 음식들이 즐비하다. 1960년대, 70년대에는 미군부대에서 나오는 C-레이션 깡통 하나만 얻어도 감지덕지했다. 월남전에서 귀국하는 병사들이 C-레이션 한 박스를 들고 오기라도 하면 대 환영을 받았다. 그런데 지금은 미국 소고기도 먹지 않으려고 한다. 예전에는 미제, 외국제라면 독이라도 먹을 것 같은 사람들이 이제 미제도 먹지 않으려는 것이다.

  이러한 풍요 속에서도 상대적인 빈곤감 때문에 사람들은 여전히 여유가 없고 마음이 행복하지 못하다. 전국 방방곡곡에 수많은 절이 있어도 스님들은 꼭 자신의 토굴을 지으려고 한다. 조계종 교육원이 내놓은 통계를 보면 현재 스님이 되려는 행자의 숫자는 급격히 줄어들고 있다고 한다. 그렇다면 전국의 수많은 절을 관리할 스님도 당연히 줄어든다. 그럼에도 불구하고 꼭 자기 토굴이 있어야 안심할 수 있고 노후가 안정이 된다고 하면 이는 모순도 보통 모순이 아니다. 또 수행보다는 불사에 더 관심을 기울인다면 그것은 부처님의 본래 뜻과는 무관한 것이다.

  성철스님께서 "야반삼경(어두운 밤중)에 다 떨어진 걸망하나 지고, 달빛 수북한 논두렁길을 걷다가, 차가운 논두렁을 베개 삼아 베고서 푸르른 별빛을 바라다보면서 죽음을 맞이할 수 있어야 조금이라도 수행자의 모습에 부합한다."라고 말씀하셨다. 또한 "말법시대에 마음을 닦는 자 있다면 그들 모두 '무가보(화두)'를 갖고자함이다."라고 하셨다. 이러한 때 옛날 이 세상에 살면서도 도를 이루었던 전설적인 부설거사(浮雪居士)의 사부시(四浮詩)를 보자.

    처자권속삼여죽(妻子眷屬森如竹)
    금은옥백적사구(金銀玉帛積似坵)

임종독자고혼서(臨終獨自孤魂逝)
사량야시허부부(思量也是虛浮浮)

처자권속이 대나무 숲처럼 에워싸고
금은옥백이 산같이 쌓였을지라도
죽을 땐 홀로 고혼(孤魂)으로 가나니
생각해 보니 허망하고 뜬구름 같네.

조조역역홍진로(朝朝役役紅塵路)
작위재고이백두(爵位纔高已白頭)
염왕불포패금어(閻王不怖佩金魚)
사량야시허부부(思量也是虛浮浮)

날마다 세상일이 그처럼 바쁘고
벼슬자리 높아졌으나 머리 이미 희어졌네.
염라대왕은 금어(金魚) 찬 것을 두려워하지 않나니
생각해 보니 허망하고 뜬구름 같네.

금심수구풍뇌설(錦心繡口風雷舌)
천수시경만호후(千首詩經萬戶侯)
증장다생인아본(增長多生人我本)
사량야시허부부(思量也是虛浮浮)

비단 같은 마음에 천둥번개 같은 말
천 편의 글을 짓고 만호후에 올랐더라도
세월 따라 인아상(人我相)만 늘어나나니
생각해 보니 허망하고 뜬구름 같네.

가사설법여운우(假使說法如雲雨)
감득천화석점두(感得天花石點頭)
건혜미능면생사(乾慧未能免生死)
사량야시허부부(思量也是虛浮浮)

가사 구름과 비처럼 설법을 쏟아내어
하늘에서 꽃비 내리고 돌들이 고개 끄덕인다 해도
간혜(乾慧)로는 생사를 면하지 못하나니
생각해 보니 허망하고 뜬구름 같네.

    현재 우리나라는 고도의 자본주의와 물질문명 속에서 죽는다는 사실은 망각하고 오로지 이 한생 어떻게든 잘 살아보고자 하는 데만 열광하고 있다. 성철스님께서 이를 보고 "사람들은 소중하지 않은 것들에 미쳐 칼 날 위에서 춤을 추듯 산다."고 경책하셨다. 진정으로 소중한 것! 그것은 영원한 생명이다. 성철스님께서는 "배움의 길은 날마다 더하고, 도의 길은 날마다 덜어간다. 덜고 또 덜어 아주 덜 것이 없는 곳에 이르면 참다운 자유를 얻는다."고 누누이 강조하셨지만 대부분의 사람들은 욕심을 버리지 못하고 쌓고 쌓는 것에만 몰두해 있다. 성철스님은 다음과 같은 출가시(出家詩)를 읊고 출가하셨다.

> 미천대업홍로설(彌天大業紅爐雪)
> 과해웅기혁일로(跨海雄基赫日露)
> 수인감사편시몽(誰人甘死片時夢)
> 초연독보만고진(超然獨步萬古眞)

> 하늘에 넘치는 큰 일들은 붉은 화롯불에 한 점의 눈송이요
> 바다를 덮는 큰 기틀이라도 밝은 햇볕에 한 방울 이슬일세.
> 그 누가 꿈을 꾸며 살다가 죽어가랴.
> 만고의 진리를 향해 모든 것 다 버리고 초연히 나 홀로 걸어가노라.

이 세상 현실의 일들은 아무리 크고 장대해도 일시적인 꿈이니 영원한 진리를 위해 출가한다는 뜻이다. 스님께서는 1940년 도착한 경북 은해사 운부암에서 평생의 법우인 향곡스님을 만났다. 향곡스님과 성철스님은 동갑이어서 서로 만날 때마다 허물없이 장난도 잘 쳤다. 청담스님은 1941년 가을 수덕사에서 처음으로 만나 2

년 후 법주사 복천암 하안거에서 한국불교의 개혁의지를 키웠다. 그리고 1년 후인 1944년 대승사에서 "한국불교의 살 길은 선불교를 중심으로 수행가풍을 세우는 것 아니겠냐."라며 의기투합하고 두 스님은 한국불교 개혁의 필요성에 결론을 내렸다. 청담스님은 성철스님보다 열 살이나 많았지만 나이차이라는 장애에 상관없이 허물없이 지냈다. 청담스님의 제자 현성스님이 이에 불만을 터뜨렸을 때, 청담스님은 "성철스님은 한국불교의 보물이야. 나이는 내가 열 살이나 많지만, 불교는 성철스님이 열 배나 더 잘 안다."라 하셨다고 한다. 참으로 청담스님의 대인다운 풍모가 아닐 수 없다.

1940년대 초 송광사 삼일암에서 일타스님에게 "중노릇은 사람노릇하고 다르다. 사람노릇 하려면 옳은 중노릇은 못한다."라고 하셨다. 청담스님은 출가하고 나신 뒤 아들 하나만 낳아달라는 어머니의 간곡한 소원에 이끌려 아내와 합방했다가 딸을 낳았다. 일본군이 정신대를 모으는 시절이라, 그 딸이 열서너 살 되었을 때 청담스님께 보내졌다. 어머니는 딸과 같이 간 삼촌 편에 부친 편지에 "이 아이를 출가시켜 달라"는 간곡한 부탁을 적었다. 성철스님이 청담스님의 딸 앞에 나타나셨다.

"너거 아부지하고 나하고는 물을 부어도 안 새는 사이다. 그러니 니도 나를 믿거라."

"생전 처음 보는 사람을 어떻게 믿겠습니까? 아버지도 못 믿는데…."

"그래?"

"스님이 아시는 걸 다 나한테 가르쳐 주신다면 중이 되겠습니다."

"오냐, 그기 좋다카면 그래 하자."

그 뒤 몇 십 년이 지나 대강백이 된 묘엄스님은 성철스님을 만나서 다음과 같이 말했다.

"그때 스님이 말씀하신 것 책에 다 있데예."

"예끼 니 그런 소리하면 못쓴다이."

성철스님은 그때 한국사 도표와 사미니 계첩을 직접 만들어 묘엄스님에게 설명을 했다.

1945년 5월 단오날 윤필암에서 묘엄스님은 계를 받았다. 또한 비구니로서는 유일하게 성철스님에게 사미니계를 받았고, 봉녕사 승가대학 학장이 되었다.

1947년 병풍처럼 둘러싸인 바위산 문경 희양산 봉암사로 전국에서 뜻있는 수좌들이 몰려들었다. 성철스님의 '이 좋은 도량에서 함께 열심히 정진합시다'라는 편지를 받고 울산의 월산스님, 종수스님, 도우스님, 보경스님, 혜암스님, 법전스님, 성수스님, 자운스님, 향곡스님 등이 모였다. 선종의 종풍을 살리고 옛 총림의 법도를 살리자는 스님들의 청정한 의지로 수좌들이 전국에서 몰려들어 그 유명한 '봉암사 결사'를 이루었다. 결사에 동참했던 대부분의 스님들은 후에 종정, 총무원장, 선방의 조실 등 한국불교의 주축이 되었다. 성철스님이 직접 붓을 들어 스님들이 공동생활에서 지켜야할 행동지침인 '공주규약(共住規約)' 혹은 '공주강칙(共住綱則)'을 썼다.

> 삼엄(森嚴)한 불계(佛戒)와 숭고(崇高)한 조훈(祖訓)을 근수역행(勤修力行)하야 구경대과(究竟大果)의 원만속성(圓滿速成)을 기(期)함
> - 엄중한 부처님 계율과 숭고한 조사의 유훈을 부지런히 닦고 힘써 실행하여 구경의 큰 결과를 원만히 빨리 이룰 것을 기약한다.
>
> 여하(如何)한 사상(思想)과 제도(制度)를 막론(莫論)하고 불조교칙(佛祖敎勅) 이외(以外)의 각자(各自) 사견(私見)을 절대(絶對) 배제(排除)함
> - 어떠한 사상과 제도를 막론하고 부처님과 조사의 가르침 이외의 개인적인 의견은 절대 배제한다.
>
> 일상수공(日常需供)은 자주자치(自主自治)의 표치하(標幟下)에서 운수(運水) 반시(搬柴) 종전(種田) 탁발(托鉢) 등(等) 여하(여하)한 고역(고역)도 불사(불사)함

- 일상생활에 필요한 물품의 공급은 자주자치(自主自治)의 표치 아래에서 물 기르고, 땔나무 하고, 밭에 씨 뿌리며 또 탁발하는 등 어떠한 어려운 일도 사양하지 않는다.

작인(作人)의 세조(稅租)와 단도(檀徒)의 특시(特施)에 의(依)한 생계(生計)는 차(此)를 단연청산(斷然淸算)함
- 소작인의 세조와 신도들의 특별한 보시에 의한 생활은 완전히 청산한다.

단신(檀信)의 불전헌공(佛前獻供)은 재래(齋來)의 현품(現品)과 지성(至誠)의 배례(拜禮)에 지(止)함
- 신도가 불전에 공양하는 일은 재를 지낼 때의 현물과 지성으로 드리는 예배에 그친다.

대소이변보청급취침시(大小二便普請及就寢時)를 제(除)하고는 항상(恒常) 오조직철(五條直綴)을 착용(着用)함
- 용변 볼 때와 잠 잘 때를 제외하고는 늘 오조가사를 입는다.

출원유방(出院遊方)의 제(際)는 대립진석(戴笠振錫)하고 필(必)히 동반(同伴)을 요(要)함
- 사찰을 벗어날 때는 삿갓을 쓰고 죽장을 짚으며 반드시 함께 다닌다.

가사(袈裟)는 마면(麻綿)에 한(限)하고 차(此)를 괴색(壞色)함
• 가사는 마나 면으로 한정하고 이것을 괴색한다.

발우(鉢盂)는 와발(瓦鉢) 이외(以外)의 사용(使用)을 금(禁)함
• 발우는 와발우 이외의 사용을 금한다.

일일차능엄대주(日一次楞嚴大呪)를 독송(讀誦)함
• 매일 한번 능엄대주를 독송한다.

매일(每日) 2시간(二時間) 이상(以上)의 노무(勞務)에 취(就)함
• 매일 두 시간 이상의 노동을 한다.

흑월백월(黑月白月) 보살대계(菩薩大戒)를 강송(講誦)함
• 초하루와 보름에 보살대계를 읽고 외운다.

불전진공(佛前進供)은 과오(過午)를 불득(不得)하며 조식(朝食)은 죽(粥)으로 정(定)함
• 공양은 정오가 넘으면 할 수 없으며 아침은 죽으로 한다.

좌차(坐次)는 계납(戒臘)에 의(依)함
• 앉는 순서는 법랍에 따른다.

당내(堂內)에는 좌필면벽(坐必面壁)하여 호상잡담(互相雜談)을 엄금(嚴禁)함
- 방사 안에서는 반드시 벽을 보고 앉으며 서로 잡담은 절대 금한다.

정각이외(定刻以外)의 수와(睡臥)는 불허(不許)함
- 정해진 시각 이외에 누워 자는 일은 허용되지 않는다.

제반물자소수(諸般物資所需)는 각자판비(各自辦備)함
- 필요한 모든 물건은 스스로 해결한다.

여외(餘外)의 각칙(各則)은 청규급대소율제(淸規及大小律制)에 준(準)함
- 그 밖에 규칙은 선원의 청규와 대소승의 계율 체제에 의거한다.

우기조장(右記條章)의 실천궁행(實踐躬行)을 거부(拒否)하는 자(者)는 함께 사는 일을 부득(不得)함
- 이상과 같은 일의 실천궁행을 거부하는 사람은 함께 살 수 없다.

철저하고 서슬퍼런 봉암사결사도 6·25전쟁을 앞둔 이념 대립의 분단 상황에서 위기를 맞았다. 빨치산들이 출몰하는 산중 길목에

있었던 봉암사는 안전, 식량 등 여러 문제에 봉착하게 된다. 좌우 이념 대립이 극심하던 때라 참선하고 있는 성철스님 옆에 와서 "스님! 좌익이 이길까요, 우익이 이길까요?"라고 묻는 사람도 있었다. "나는 그런 거 모릅니다."

성철스님은 단호하게 대답하고 어쩔 수 없이 봉암사를 뒤로한 채 밑으로 내려와 묘관음사, 문수암, 벽발산 아래의 은봉암을 거쳐, 경남 통영 안정사에 도착하였는데 그때가 1950년이었다.

1949년 겨울 묘관음사 시절, 출가한 지 10년 되는 인홍스님이 성철스님 앞에서 인사를 올리자 성철스님은 다짜고짜 차가운 연못으로 인홍스님을 밀어버렸다. 물 밖으로 나온 인홍스님은 옷이 젖은 상태로 땅바닥에 꼼짝 않고 정진하여 옷이 저절로 말랐다고 한다. 그 후 인홍스님은 한국불교 비구니계의 대모이자 역사의 산증인으로 커다란 족적을 남겼다.

경남 통영 안정사의 '부처가 될 수 없는 집'이라는 역설적인 뜻인 천제굴에는 도우, 법전스님 등 소수의 인원만 있었다. 안정사 천제굴 시절에 삼천배 기도와 아비라기도를 처음으로 대중들에게 시켰다. '천제굴'이라는 이름은 거창한 것 같지만 초가삼간으로 지은 소박한 수행터였다. 그때 성철스님의 제자가 된 스님이 천제스님이다. 천제스님은 전란 중에 돌아가신 아버지의 천도재를 올리기 위해 찾아간 토굴에서 성철스님을 스승으로 맞은 것이었다.

훗날 천제스님은 "천도재를 마친 후 성철스님이 들려준 자상한 위로의 말씀은 육신의 부친을 떠나보내고 마음의 부친을 만나는 순간이었다."라고 회상한다. 천제굴 시절 자유당 정권의 전진한 사회부장관이 방문하여 객기를 부리다 성철스님에게 혼이 나기도 했다.

1955년 겨울에 대구 팔공산에 있는 파계사 성전암으로 거처를 옮겼다. 스님은 퇴락한 성전암을 수리하고 그 둘레에 철조망을 둘렀다. 그 철조망 안에서 수많은 불경, 조사어록, 과학과 수학 같은 학문에 대해서도 깊이 연구하였다. 스님은 성전암에 있는 동안에 결제와 해제 앞뒤로 일 년에 네 번은 문을 열어 신도들을 위하여 기도 법회를 열었다. 바깥에서는 불교정화라는 이름으로 대처승과 비구승의 투쟁이 한창이었다.

1965년 성철스님은 굳게 닫은 성전암 문을 열고 나오셨다. 그 후 김용사에서 대중들을 모아 놓고 최초의 법문을 했다. 자운스님은 성철스님을 설득하여 해인사의 백련암으로 모셔가서 1967년 해인 총림의 초대 방장으로 취임하셨다.

그 해 겨울, 성철스님은 해인사 대적광전에서 사부대중을 위하여 하루 두 시간씩 일백일 동안 법문을 하였는데 그것이 바로 '백일법문'이다. '백일법문'을 통하여 스님은 난해한 불교교리를 쉽고 일목요연하게 정리해 주셨다. 수시로 해인사 참선방에 들르시어 "이 도둑놈들아, 밥값 내놔라!" 하며 선방 수좌들을 경책했다. 성철스님이 휘두르는 장군죽비와 쩌렁쩌렁한 목소리가 그립다고 하는 스님들이 아직도 많다. 성철스님은 수행자들에게 눈 깜짝할 사이에 지나가버리는 시간을 아끼며 무소유의 정신과 자기반성 등으로 치열하게 수행하도록 일깨우시는 '납자십게(衲子十偈)'를 주셨다. 마지막 구절의 '이 무엇인고'는 화두이다.

【 1. 무상(無常) 】
| | |
|---|---|
| 일편잔월조한림(一片殘月照寒林) | 한 조각 그믐달이 겨울 숲 비추니 |
| 수경백골의봉호(數莖白骨依蓬蒿) | 몇 개의 백골들이 쑥 사이에 흩어져 |
| 석일풍류금하재(昔日風流今何在) | 옛날의 풍류는 어디에 있는가? |
| 공사니리고전심(空使泥犁苦轉深) | 덧없이 윤회의 괴로움만 더해 가는데. |

【 2. 안빈(安貧) 】
| | |
|---|---|
| 파납몽두올연좌(破衲蒙頭兀然坐) | 누더기 더벅머리로 올연히 앉았으니 |
| 부귀영예운외몽(富貴榮譽雲外夢) | 부귀니 영예니 구름 밖에 꿈이로다. |
| 병옹수무일립미(瓶甕雖無一粒米) | 쌀독에 양식은 하나 없지만 |
| 만고광명조대천(萬古光明照大千) | 만고의 광명은 대천세계 비추네. |

【3. 정근(精勤)】
운수반시고가풍(運水搬柴古家風)　물 긷고 나무하가는 옛 스님 가풍이요
종전박반진활계(種田搏飯眞活計)　텃밭 매고 주먹밥은 참 사는 소식이라.
야반인추유자괴(夜半引錐猶自愧)　한밤에 송곳 찾아도 오히려 부끄러워
위연부각루첨금(喟然不覺淚沾襟)　깨닫지 못함을 한숨지으며 눈물로 적시네.

【4. 정절(貞節)】
상신멸도색위최(喪身滅道色爲最)　몸 망쳐 도를 없애는 데는 여색이 으뜸
천전만박입확탕(千纏萬縛入鑊湯)　천번 만번 얽어 묶어 화탕지옥 들어가네.
영근독사수원이(寧近毒蛇須遠離)　차라리 독사를 가까이하고 멀리 둘지니
일념착혜진사고(一念錯兮塵沙苦)　한 생각 잘못 들어 무량고통 생긴다.

【5. 신독(愼獨)】
막도암실무인견(莫道暗室無人見)　어두운 방에 혼자서 보는 이 없다 말라.

신목여전호불루(神目如電毫不漏)　천신의 눈은 번개 같아 털끝도 못 속인다.
진의건성극호위(盡矣虔誠極護衛)　합장하고 정성껏 받들어 모시다가도
발연노매소각적(勃然怒罵掃脚跡)　갑자기 성을 내어 자취를 없애니라.

【6. 하심(下心)】
법계진시비노사(法界盡是毘盧師)　법계가 모두 비로자나 부처님인데
수도현우여귀천(誰道賢愚與貴賤)　어느 누가 현우(賢愚) 귀천을 말하는가.
애경노유개여불(愛敬老幼皆如佛)　모두를 부처님처럼 애경하면
상상엄식적광전(常常嚴飾寂光殿)　언제나 적광전을 장엄하리라.

【7. 이타(利他)】
차차부세극치인(嗟嗟浮世極痴人)　슬프다, 구름 같은 세상 어리석은 중생
종형재극망선도(種荊栽棘望仙桃)　가시덤불 심어놓고 천도복숭 바라도다.
이기해인즉자결(利己害人卽自決)　나를 위해 남 해침은 죽는 길이고
위타손신시활로(爲他損身是活路)　남을 위해 손해봄이 사는 길이네.

# 【8. 자성(自省)】

욕멱아시부득시(欲覓我是不得時) 　내 옳은 것 찾아봐도 없을 때라야
편득사해대안연(便得四海大晏然) 　사해가 모두 편안하게 될 것이니라.
유견자비상회사(唯見自非常悔謝) 　내 잘못만 찾아서 언제나 참회하면
도장훼욕은난수(刀杖毀辱恩難酬) 　나를 향한 모욕도 갚기 힘든 은혜이니.


탐착몽중일립미(貪著夢中一粒米) 　꿈 속의 쌀 한 톨 탐착하다가
실각금대만겁량(失却金臺萬劫糧) 　금대(金臺)의 만겁 식량을 잃어버렸네.
무상찰나실난측(無常刹那實難測) 　무상은 찰나라 헤아리기도 힘든데
호부맹성급회두(胡不猛省急回頭) 　한 생각 돌이켜서 용맹정진 않을 텐가.


종두생두영수형(種豆生豆影隨形) 　콩 심어 콩 나고 그림자는 형상 따라
삼시업과여경조(三時業果如鏡照) 　삼세의 지은 인과는 거울에 비추는 듯
통자성찰극면려(痛自省察極勉勵) 　나를 돌아보며 부지런히 성찰한다면
나득원천갱우인(那得怨天更尤人) 　하늘이나 다른 사람을 어찌 원망하리오.

어아극악자(於我極惡者)　나에게 극악하게 하는 사람이
시진선지식(是眞善知識)　바로 진정한 선지식이니
도장훼욕은(刀杖毀辱恩)　고통 주고 모욕 주는 은혜는
분골미족수(粉骨未足酬)　목숨 다해도 갚을 수 없으리라.


불시심(不是心)　마음도 아니요,
불시불(不是佛)　부처도 아니고,
불시물(不是物)　다른 물건도 아니니
시십마(是什麼)　이것은 무엇인고?


1970년대 말 신군부가 들어서면서 한국불교는 또 한 차례의 위기에 직면했다. 불교계는 해방 뒤부터 시작된 비구승과 대처승 사이의 분규와 조계종 내부의 종권 다툼으로 승려들의 기강이 크게 흐트러져 있었다. 신군부는 자신들의 잘못을 전이시키고 합리화하기 위하여 정화라는 이름으로 불교계의 비리를 캐기 시작했다. 그것이 현대 한국불교 최대의 수치라는 1980년 10·27법난이다. 이러한 혼란기에 성철스님은 불교계를 구원할 인물로 종정으로 추대되었다. "종정 안 한다는 말만 하지 말라고 해서 종정이 되었으나 산중을 떠나지는 않을 것이다." 스님은 종정 취임식장에 가지 않았을 뿐더러, 1991년에 다시 제8대 조계종 종정에 재추대되어 입적하기까지 종정의 직분으로 한번도 서울에 가지 않았다.

성철스님은 "도를 이루려면 가난부터 배워라."고 하시며 몸소 철저한 무소유의 삶을 보여주셨다. 음식은 소식으로 일관하고, 여름에는 삼베, 겨울에는 광목옷 한 벌 뿐이었고, 그 한 벌 옷도 손수 기워 입었다.

1993년 9월에 『성철스님 법어집』 11권과 선종의 종지를 담은 〈선림고경총서〉 37권이 완간된 것을 보고 두 달 뒤인 11월 4일 아침에, 처음 출가한 그 방에서 성철 큰스님은 법랍 59년, 세수 82세로 열반에 드셨다. 열반 게송은 다음과 같다.

생평기광남녀군(生平欺狂男女群)
미천죄업과수미(彌天罪業過須彌)
활함아비한만단(活陷阿鼻恨萬端)
일륜토홍괘벽산(一輪吐紅掛碧山)


일생동안 남녀의 무리를 속여서
하늘을 넘치는 죄업은 수미산을 지나친다.
산채로 무간 지옥에 떨어져서
그 한이 만 갈래나 되는지라
둥근 수레바퀴 붉음을 내뿜으며
푸른산에 걸렸도다.

　입적 이레째 날 평생을 주석한 해인사 퇴설당을 떠나서 일주문 밖에 마련된 연화대로 향하였다. 그날 퇴설당 위로 일시에 새떼가 날고, 다비장에서는 낙엽들이 갑자기 쏟아져 내렸다. 스님께서 열반하신 후 여러 곳에서 여러 번 불꽃이 타오르는 듯한 환한 방광이 하늘을 물들였다. 서른 시간이 넘게 걸린 다비는 일백여 과(顆)에 이르는 영롱한 사리를 남겼다. 다비식에서 사십구재까지 수십만의 대중들이 구름처럼 해인사를 방문했다.

# 성철스님의 업적

**한국불교의 재정립**
|

36년간의 일제강점기를 거치는 동안 한국불교는 황폐화되고 왜곡되었다. 한국불교의 쇄신을 위하여 대대적인 노력이 필요했다. 성철스님은 봉암사 결사를 시작으로 대대적인 불교개혁을 주도했다.

**보살계 정립**
|

조선시대의 숭유 억불정책에 따라 스님은 천대받는 계층이었다.

야! 자! 하는 반말은 물론 천민이나 종 같은 대우를 받았다. 일제강점기에는 일본의 한국불교 말살정책에 따라 수많은 대처승이 생겨 세속화되고 수행전통도 사라질 위기에 있었다.

절 살림이 어렵다 보니 성철스님의 은사인 동산스님은 유력한 보살이 오면 밥상을 직접 들고 가서 대접을 했다. 성철스님이 이러한 모습에 이의를 제기하면 동산스님은 "자네는 공부만 하게! 절 살림은 내가 살 테니…"라며 빈궁한 절 살림을 유지하고자 노력하셨다고 한다. 그러나 성철스님은 이 또한 못마땅하여 스님이 신도를 떠받들고 신도가 스님 시중을 받는 풍토를 고치고자 했다.

성철스님은 스님을 우습게 보는 사회분위기 속에서 스님을 멸시하는 신도들이 지켜야할 규칙인 보살계를 율장 연구자인 자운스님에게 정리하게 했다. 1947년 봉암사에서 처음으로 스님에 대한 3배의 예를 갖추게 했다. 그 후 봉암사에서 전진한 사회부장관의 모친이 진흙탕 위에서 성철스님에게 3배 하는 모습을 보고 향곡스님은 깜짝 놀랐다고 한다.

성철스님은 시주하고 그것을 떠벌이고 자랑하는 신도를 제일 싫어했다. 신도들은 시주를 하면 그 흔적을 남기고 싶어하고, 절 살림을 살아야 하는 주지나 소임을 맡은 스님들은 신도들 마음을 고려해야 하니 곤란한 상황이 벌어졌다.

성철스님께서 6·25전란 직후 마산부근 성주사에 몇 개월 머물고 있을 때 법당 중창시주 OOO라는 간판이 법당에 크게 붙어 있었다. 성철스님은 그 이름의 주인공이 찾아오자 "간판을 마산 역 앞에 부착하는 게 어떻겠냐?"고 물었다. 그때서야 그 사람은 수치심을 느끼고 자기 손으로 간판을 떼어서 아궁이에 넣어버렸다.

**지계**

|

일반 대중들의 행태를 고치는 것도 문제였지만 스님들의 행동에도 문제가 많았다. 스님들 중에는 경허선사의 기행을 거론하며 무슨 짓을 해도 괜찮다고 생각하는 분들이 많았다. 심지어 색욕을 즐기거나 온갖 탐욕을 부리면서도 도인이 될 수 있다고 생각하는 사람들도 있었다.

성철스님은 무너진 절 기강을 바로 잡기 위하여 〈공주규약(供住規約)〉을 만들고 스님들이 철저하게 계를 지키고 생활하게 했다. 성철스님은 시주물은 독화살인 듯 피하고 부귀영화는 원수처럼 생각해야 한다고 하시며, 물 기르고, 땔 나무하고, 밭에 씨 뿌리며 또 탁발하여 일상생활에 필요한 물품을 대부분 자급자족하도록 했다. 또 자기비판하는 포살을 정기적으로 열어 철저한 자기성찰을 하게 했다.

## 의(衣)

스님들의 일상생활에서 비단으로 된 가사, 장삼 등도 없애버렸다. 불교의 가르침에 맞게 청, 황, 적의 3종을 섞어 괴색 옷을 만들고, 장삼은 보조국사의 장삼을 기준으로 만들었다. 육환장도 만들어 사용하고 삿갓도 쓰기 시작했다. 외출을 할 때는 꼭 삿갓을 쓰고 육환장을 들게 했다.

## 식(食)

중국 당나라 중기의 백장선사는 복건성 출신으로 20세 때 서산 혜조를 스승으로 출가했다. 그 후 남종선의 대가인 도일스님 밑에서 공부를 하여 깨달음을 얻었다. 강서성 백장산에 백장사를 창건하고 철저한 두타행을 하며 선풍을 일으켰다. 〈백장청규〉를 제정하여 교단의 계율과 수도생활의 규칙을 선포하였다. 바로 그 유명한 "하루 일하지 않으면 먹지 않는다"는 가르침을 남긴 분이다.

부처님법에 따르면 공양을 위한 바리때는 쇠, 와철(瓦鐵), 질그릇으로 해야 했다. 성철스님은 기존의 나무 바리때를 모두 폐기했다. 그 와중에 동산스님께서 성철스님께 준 귀중한 은행나무 나무바리때도 깨버렸는데 후일 동산스님이 아시고 매우 서운해 했다고 한다.

하루 세 끼 식사도 아침에는 죽, 점심에는 사시맞이 후에, 저녁은 아주 조금 먹었다. "산의 나물과 솔잎, 개울물만 먹고 살겠다"는 취지에 따라 음식재료도 되도록이면 신도들의 돈이나 시주물에 의존하지 않고 직접 경작을 하거나 탁발에 의존했다.

주(住)

한국불교는 한국의 토속신앙이나 무속신앙, 도교신앙도 포용을 해서, 절 안에 불교와 관계없는 건물이나 예술품도 많이 있다. 성철스님은 봉암사 내의 부처님과 제자상만 남기고 칠성단, 산신각, 칠성탱화, 산신탱화, 신장탱화 등은 모두 없애버렸다.

1964년 겨울 청담스님이 계시던 도선사 법당의 칠성탱화, 산신탱화, 용왕탱화를 소각했다. 그 뒤 3년 동안 신도가 뚝 끊겼다. 이러한 행위에 대해서 불교적인 수행이나 선풍을 위해서는 당연하다고 생각하지만 한국의 역사와 전통이 담긴 문화재라는 측면에서 칠성단이나 산신각 등도 보존해야한다고 주장하는 전문가들도 있다.

**한국불교 법맥의 재정립**

성철스님은 1976년 출간한 『한국불교의 법맥』에서 한국 조계종의 종조를 보조종조설 대신 임제종의 종지를 받은 태고종조설을 주장했다. 나말여초의 구산선문으로부터 비롯되고 있는 한국 선은 고려 중기 이후 임제를 종조로 하는 임제종의 선사상을 종지로 한다. 태고보우는 조주의 무자화두를 참구하여 20년 간의 피나는 노력 끝에 37세에 오매일여, 38세에 대오했다. 한결같이 성성한 오매일여의 단계에 가서도 화두를 놓지 않고 끝까지 참구하여 46세 때 원나라로 가서 임제계 18대 양기파 석옥청공(1272~1352)으로부터 법을 인가받고 돌아왔다.

1950년대 정화운동 후 새롭게 '보조스님 종조설'이 태동되자, 성철스님은 한국불교가 조계 혜능스님을 원조로 한, 임제종의 법통을 이은 선종이며, 종조는 태고 보우국사라고 주장했다. 성철스님은 사상의 영향을 받은 법신의 상속을 견성으로 보지 않고, 오로지 도를 이루어 법을 인가받은 경우만 견성으로 인정했다.

### 수좌 중심의 절 운영

|

해인사 일주문. 주련(柱聯)에는 '역천겁이불고 긍만세이장금(歷千劫而不古 亘萬歲而長今)'이라고 새겨져 있다. "천겁의 긴 세월이 지나도 옛 되지 않고, 만세를 뻗쳐 항상 지금이다" 이 글은 시공을 초월하여 존재하는 해인사라는 뜻이다. 이러한 유서 깊은 해인사가

1967년 7월 25일 총림이 되었다. 총림은 본래 '선승들이 모여 수행하는 곳'이라는 뜻인데, 우리나라에서는 교리 배우는 강원, 계율 가르치는 율원, 참선하는 선방의 세 기관이 있는 종합도량이라는 뜻이다.

성철스님께서 해인총림 방장으로 계실 때 해인사는 눈에 띄게 달라졌다. 큰절과 산내 암자가 크게 발전하고 선원, 율원, 강원을 두루 갖춘 총림이 되었다. 성철스님께서 서릿발같은 선풍(禪風)을 일으키니 청정한 수행 도량에 오백여 명이 정진하기도 했다. 성철스님은 해인사 내에 관광객의 출입을 통제하고, 대적광전을 선방으로 고쳐서 사용할 생각도 하셨다.

성철스님은 참선을 하는 수좌를 중심으로 절을 운영하게 했다. 해인사 선방에서 참선수좌 모두가 주인 노릇을 하게 해서 소임 맡은 스님과 수좌 사이에 의견 충돌이 생기면 항상 수좌 편을 들었다. 따라서 주지나 소임을 보는 스님들은 수좌 스님들의 지원세력일 뿐이었다. 이러한 조치도 절이라는 곳이 수행해서 깨달아야 할 장소이지, 편안하게 안거를 하거나 중창불사만이 능사인 곳이 아니라는 뜻이다.

성철스님은 하안거와 동안거 중 1주일 간은 선방 스님뿐만 아니라 부속 암자의 스님들도 용맹정진을 하게 했다. 용맹정진 기간 중에는 모든 스님들의 신경이 날카로워지고 민감해져 온 산중의 분위기가 칼날이 쭈뼛쭈뼛 선 것 같은 살벌한 긴장감이 돌았다.

성철스님은 철저하게 공부하는 수좌 스님만을 진정한 스님으로 인정했고, 자기 공부는 하지 않고 신도들 길 안내나 하는 스님들을 가장 싫어했다.

**진정한 깨달음**

성철스님이 생존해 계시던 시대에도 전국 방방곡곡에 자칭 깨달은 도인들이 많았다. 그런데 문제는 그 많은 도인들이 진정으로 깨달은 존재들인가였고, 또 어느 수준, 어떤 경지에 이르러 깨달은 것인지에 대한 객관적인 통념도 없었다. 그 당시 한국불교계는 참선하는 방법을 알고 깨달음을 머리로만 이해하는 해오(解悟)를 견성으로 인정하며, 그 해오에 의지해 점수수행을 하는 수행자가 많았다. 그러나 성철스님은 실참수행을 통한 구경각만을 돈오로 인정할 뿐, 해오는 깨달은 것이 아니라고 주장했다.

"화두를 부지런히 해서 나중에 오매일여가 되고 안팎이 명철해져 거기서 한 눈 뜨면 깨친 것이고 견성이지. 그러기 전에는 병난 거여." 화두를 참구해서 마침내 아주 작은 망상까지도 없어진 구경의 깨달음에 이르기까지 마음의 본원 자리에 즉각 깨달아 들어가는 돈오돈수를 주장하셨다. 성철스님은 동정일여, 몽중일여, 오매일여와 돈오돈수에 대한 설명으로 깨달음의 단계와 진정한 깨달음이 무엇인가를 제시하셨다.

### 진정한 불공

|

1950년대 60년대, 전국적으로 궁핍하던 시절, 절의 살림도 어려웠다. 이러한 시대에 절에 불공을 드리러 오는 신도들은 주지에게는 귀한 손님이 아닐 수 없었다. 그런데 성철스님은 이러한 불공도 절에 하지 말고 바깥의 다른 사람들에게 하라고 하셨다. "절은 불공을 가르쳐주는 곳이다. 불공의 대상은 절 밖에 있다. 불공 대상은 부처님이 아니다. 일체중생이 다 불공 대상이다. 승려들이 목탁 치고 부처님 앞에서 신도들 명과 복을 빌어주는 것이 불공이 아니다." 안 그래도 절 살림이 어려운데 불공하러 오는 신도들에게도 불공을 하지 말라고 하니 다른 스님들이 보기에는 이해가 가지 않는 일이었다.

성철스님이 6·25전란 직전 절 살림이 어렵던 시절에 문경 봉암사에서 절에 돈 갖다 주지 말라는 말을 하자 경남 종무원과 서울 종무원에서 항의가 들어왔다. 여러 곳에서 협박 비슷한 위협을 해도 "언제 죽어도 죽는 것은 똑같다. 부처님 말씀 전하다 맞아죽어도 무엇이 원통할까? 그건 영광이지."라고 말씀하시며 주장을 굽히지 않았다.

**수행으로 체득한 불교이론 강설**

불교이론을 학문적으로 연구한 스님의 설법과 몸소 수행을 통하여 깨달음을 얻은 스님이 설법하는 것은 천지차이이다. 성철스님은 마치 맑은 샘물이 우렁차게 솟아오르는 듯한 목소리로 청명하고 카랑카랑하게 설법을 하셨다. 스님께서 직접 실참을 통하여 증득한 경험을 설법하기에 한마디 한마디 자신감에 꽉 차있었고 명료했다. 스님께서 설법하실 때면 청량하고 엄숙한 분위기가 법당에 흘렀다.

그러한 생생한 체험과 경험으로 불교의 근본진리는 중도(中道)라고 밝히셨다. "부처님이 뭐라고 했나 하면, 나는 모든 양변을 버린 중도를 깨달았다. 이렇게 선언을 했어요. 양변을 버리니, 곧 생멸(生滅)도 버리고, 나고 죽는 것[生死]도 버리고, 있고 없는 것[有無]도 버리고, 착하고 악한 것[善惡]도 버리고, 옳고 그른 것[是非]도 다 버렸으니, 선도 아니고 악도 아니고 유도 아니고 무도 아닌 것이 무엇이냐, '절대'다 이 말이여. 그래서 나는 상대 세계를 모두 버리고 절대의 세계를 성취하였는데, 이것이 바로 해탈성불이야. 생각해 보아라. 너희는 고행주의 아니냐. 또 세상은 모두 환락주의 아니냐. 너희들은 환락을 버리고 고행을 하니 가장 착한 것 같지만, 변은 둘 다 똑같다. 결국은 참으로 해탈을 하려면 고행도 버리고 환락도 버려야 한다. 두 가지를 다 버려야 한다."

일체가 불생(不生)이고 불멸(不滅)이니, 사람도 짐승도 초목도 돌도 허공도 해와 달도 전체가 모두 불생불멸이라 하셨다. 탐욕에 젖은 중생들에게 연기법칙을 설명하고, 끊임없이 생겨나고 사라지고를 되풀이하는 이 자연계가 무상하기만 한 것이 아니라 사실은 영원히 변하지 않는 불멸의 존재라고 하셨다. 혼란과 무질서 덩어리 같은 이 사바세계도 마음의 눈을 뜨고 지혜의 광명을 보면 극락이고, 중생이 부처라 하셨다.

사람이 죽으면 다시 사람으로 태어나기란 정말 어렵고 몸을 받지 못한 수많은 영혼이 허공을 떠다니고 있고 윤회는 지구에서만 아니라 우주 전체를 통하여 이루어진다고 강조하셨다. 이러한 믿기 어려운 사실들을 확신에 찬 목소리로 조목조목 이야기하는 것은 깨달은 분이 아니고서는 결코 할 수 없는 일이었다.

**불교 이론의 과학적 설명**

|

1950년대 60년대 글자를 모르는 사람도 많고 또 글자를 알아도 8만대장경으로 대변되는 불교의 교리를 어느 정도 이해하기도 힘

들었다. 대덕 스님의 강의를 들어도 어려운 한자나 알 수 없는 선문답으로 일관하니 보통 사람들에게 불교는 너무나 어렵고 아득한 종교였다. 이러한 시대에 성철스님은 쉬운 한글로 불경을 설명하고 더 나아가 과학적인 방법으로 설명하려고 하셨다.

1965년 성철스님은 김용사에서 대불련이 포함된 4부대중 100여 명에게 '운달산법회'라 명명된 20일 간의 설법을 하고 1주일 간의 용맹정진을 이행했다. 특기할 것은 '색즉시공 공즉시색', '중도' 등을 에너지와 질량, 물과 얼음의 비유로 아인슈타인의 '상대성원리' ($E = mc^2$)로 설명을 했다는 점이다.

"만물은 모양이 바뀐다고 해서 없어지거나 새로 생기는 것이 아니다. 예를 들면, 얼음과 물의 관계와 같은 식이여, 물은 에너지에 비유하고 질량은 얼음에 비유하거든, 물 한 그릇이 얼음이 되었거든, 물 한 그릇이 얼음 한 그릇이고 얼음 한 그릇이 물 한 그릇이지."
따라서 부처님께서 말씀하신 '불생불멸'이 설명된다는 것이었다.

『금강경』의 아상·인상·수자상 중생상을 주관·객관·시간·공간의 개념으로 설명하고, 최면술로 육도윤회를 설명했다. 이 비유들이 100% 합당한지는 차치하고라도, 문맹률이 높고 빈곤하던 60년대에 이런 시도를 했다는 것 자체가 획기적인 일이다.

이러한 내용에 대한 기사가 1966년 2월 27일 「대한불교」에 실려 있다. 성철스님은 물리학·수학, 고대와 현대의 동서양 철학서적을 섭렵하며 불교이론을 현대적·과학적으로 설명하려 애썼다. 그 취지를 이어 현재는 고우스님이 물리학의 '힉스'로 불교를 설명하고 있다.

### 사회 참여

1977년 구마고속도로 개통식에 참석했던 박정희 대통령을 영접하고 말 몇 마디만 해도 해인사에 대대적인 지원을 받을 수도 있었다. 그러나 성철스님은 내려가지 않았다. 박 대통령은 해인사 주지의 안내를 받고 돌아갔다. 박 대통령은 안내를 받는 동안 해인사 경내에서는 흡연 욕구를 참고 있다가 경내를 나가서 비로소 담배를 피웠다고 한다.

후일 이후락 중앙정보부장이 불교신도회장이 되었다. 성철스님은 사명대사가 머무시던 홍제암이 너무 쇠락했으니 보수를 이후락 부장에게 맡겼다. 이후락 씨는 보수 약속을 하고 잊어버렸는지 약속을 지키지 않았다. 그 후 이후락 씨가 해인사에 찾아왔을 때 성철스님은 이후락 씨는 본 체도 하지 않고 스님들만 맞아들여 차담을 하셨다. 그때 이후락 씨는 1시간 이상이나 스님들께서 차 마시는 장소 밑에 서 있었다. 나는 새도 떨어뜨린다는 중앙정보부장을 그런 식으로 대우할 분이 성철스님 말고 누가 있겠는가? 여담이지만 그때 이후락 씨를 적당히 대우했더라면 불교대학이나 큰 불사를 맡길 수 있었을지도 모를 일이다.

1979년은 박정희 대통령이 서거하고 육군참모총장이 구금당했다가 강제 퇴역하고 신군부 세력이 국정을 장악하는 하극상과 혼돈의 해였다. 1980년 10월 27일, 소위 '10·27법난'이 일어났다.

그 날 새벽 전국 25개 본사와 큰 절에 군 병력이 들이닥쳐 주지와 소임자들을 무조건 연행하고, 군인들이 법당에 군화를 신고 들어오고, 비구니 스님들의 소지품도 무례하게 검사했다. 해인사 백련암에 착검을 한 군인 2명이 올라와서 새파란 젊은 군인이 "성철이가 누구야? 같이 가야 되니 빨리 나오라고 해!"라고 했다. 그때 큰 절의 주지는 이미 도망가고 없고 대웅전 앞에 착검한 군인들이 삼엄하게 경계를 서고 있었다.

"성철스님은 아침마다 산책을 나가는데 산에 올라가면 보통 1~2시간 걸리니 편하게 기다리시오"

"그래요? 그렇다면 기다리지요."

"뭔가 잘못 알고 온 것 아니오? 이런 산 속 암자에 사는 스님이 무슨 죄를 짓겠소?"

"우리는 상부 명령에 따라 움직일 뿐이지 다른 거는 모릅니다."

"그러면 무작정 기다릴 것이 아니라 이쪽 상황을 상관에게 보고하고 다시 명령을 받는 게 어떻겠소?" 군인들은 상관에게 전화를 하고 다시 명령을 하달 받고 철수를 했다. 바깥출입도 하지 않는 성철스님에게 이런 일이 일어났으니 다른 스님들은 어떠했겠는가? 그 후 조계종 불교중흥위원회가 구성되고 법주사 탄성스님이 위원장이 되어 집행부를 만들었다. 이런 일을 당하고도 이 일의 책임자인 전두환 씨가 하야했을 때 백담사에 가서 머물렀다는 것은 참 아이러니한 일이다.

이러한 우여곡절을 겪고 혼비백산한 불교계는 1981년 1월 10일 조계종원로회의에서 성철스님을 제7대 종정으로 추대했다. 성철 큰스님은 "내 이름을 빌려주어서 불교가 중흥한다면 기꺼이 응하겠다." 사회적으로 불교와 승려의 위상이 실추되고 종단이 어려우

니 안 한다는 말만 하지마라고 해서 종정직을 수락하신 것이다.

그러나 종정 취임식장에는 참석하지 않았다. 대신 해인사에서 취임 법어만을 발표했다.

원각이 보조하니 적과 멸이 둘이 아니라
보이는 만물은 관음이요 들리는 소리는 묘음이라
보고 듣는 이 밖에 진리가 따로 없으니
아아 시회대중은 알겠는가.
산은 산이요 물은 물이로다.

"산은 산이고 물은 물이다." 이 간단한 한 마디는 그 당시 군부 쿠데타와 하극상, 시대적 혼란 속에 흔들리는 한국 국민들에게 여러 가지 의미를 확대재생산시키며 시대의 명언이 되었다. 아무리 일부 무리들이 나라를 어지럽히고 기강을 무너뜨리고 자기 합리화를 해도 "산은 산이고 물은 물이다"라는 말은 진리와 법은 여전히 살아 있고 일부 인간들이 바꿀 수 없다는 지침이나 확신이 되어 괴로워하고 헐떡이던 마음들을 어루만져 주었다. 역으로 "산은 산이 아니고 물은 물이 아니다"라고 해도 또 그 나름대로 의미를 가지게 되어 이 명언은 그 뒤에도 여러 가지 상황에서 계속 회자되고 있다.

성철스님은 갈멜수도원을 예로 들며 기독교나 가톨릭의 사회봉사에 비하여 불교의 사회봉사활동이 적다고 힐책하셨다. 따라서 종교인이 되어서 공양을 받고 안주하면 안 되고 항상 이타행위를 하기를 요구하셨다. 또 "승려가 되어 가사 장삼을 입고 도를 닦지는 않고 부처님을 팔아 생계수단으로 쓰는 놈들은 도적놈들"이라고 하셨다.

불교의 사회참여가 미미할 때 타종교에서는 활발하게 사회운동을 했다. 강원룡 목사는 60년대, 70년대에 양극화현상 극복과 인간화를 위한 대화운동을 했고, 크리스천아카데미를 만들었다. 중간집단 육성 강화교육은 남녀평등사상이 포함되어 있어 국내의 여성운동에 이바지했다. 1990년대에는 불교, 개신교, 가톨릭, 민족종교 등 종교간 분파주의를 넘어서는 대학생 소모임을 만들어 종교간 화합에도 이바지했다.

1970년대 초반 청년 노동자 전태일 분신자살, 노동자, 농민, 도시 빈민의 생존권 투쟁은 한국교회 인권운동에 커다란 충격을 주었다. 1976년 한빛교회는 '3·1민주구국선언사건'으로 문익환 목사, 이우정 장로, 이해동 목사 등이 구금되는 등 교회의 사회적 소명과 역할을 하였다.

천주교회는 신군부가 신문과 방송을 장악하고 광주 5·18진상이 밖으로 확산되는 것을 통제할 때 5·18진상을 조직적으로 확산시킨 거의 유일한 통로였다. 명동성당에 대학생, 사회약자들이 모여들 때 천주교는 그들을 받아주고 보호해 주었다. 그 중심에 김수환 추기경이 계셨다.

1980년대 초반 개신교는 여의도 광장에서 부활절 행사를 하며 백만 관중을 모았다. 이러한 대대적인 행사를 보며 불교계에서도 마음이 초조해졌다. 1981년 초파일날 총무원장 의현스님과 종정 예경실장 천제스님이 성철스님을 찾아뵙고 부처님 오신 날 여의도에서 대대적인 법회를 열자고 제의했다. 그러나 성철스님은 일언지하에 거절했다. "내가 서울 간다고 사람 좀 마이 모이먼 뭐하노? 내가 서울 가는 것보다 산 지키고 여기 그냥 앉아 있는 게 불교에 더 이익이 되는 줄은 와 모르노?"라고 하셨다.

1987년 민주화 운동 운동권 학생들이 명동성당에 피신하고, 김수환 추기경이 시국선언을 하고 로마 바티칸에서 성명발표로 한국 민주화운동을 지지하고 세계에 반향을 일으킬 때, 불교에서는 하는 일이 아무 것도 없었다. 그때도 성철스님은 산 속에 계셨다. "나 보고 민주주의 장사하라카는데, 내 말 한다고 누가 들을 사람이 있나?"

1988년 종단 내의 분규가 심할 때 종정 사퇴서를 냈다가 1년 간의 공백 끝에 제8대 종정으로 추대되었다. 그러나 한번도 서울에 가거나 회의에 참석한 일이 없었다. 성철스님은 철저한 비정치적 태도로 사회활동에 전혀 관여하지 않음으로써, 결과적으로 오히려 사회에 더 큰 반향을 일으키셨고 대중들의 마음을 움직였다.

**중생구제**

성철스님은 스님을 공경하여 만나러 오는 사람들에게도 일침을 가했다. "내 말에 속지 마라! 내가 종정이라는 고깔을 쓰니 인터뷰도 오는 모양인데 난들 별 사람이냐? 부처님 가르침대로 살아서 오늘 이렇게 종정이라는 고깔을 쓰지 않은가? 그러니 고깔 쓴 나를 보고 무엇을 얻으려 하지 말고 각자가 가지고 있는 영원한 생명과 무한한 능력을 스스로 개발해라."

성철스님 자신을 공경하는 데 시간을 쓰지 말고 각자 자신의 능력을 개발하라고 하셨다. "내가 수행자로 평생 살았는데 사람들은 내게서 자꾸 무엇을 얻으려 하고 있다. 실은 자기 속에 영원한 생명력과 무한한 능력을 갖고 있으면서도 그것을 개발하려고 노력하지 않고 나만 쳐다보고 사니 내가 중생을 속인 꼴이다. 그러니 나를 쳐다보지 말고 밖에서 진리를 찾지 말고 자기를 바로 보아라. 자기 스스로의 마음속에 있는 영원한 생명력과 무한한 능력을 개발하라."

부처님 당시에도 부처님을 너무나 공경하여 수행은 하지 않고 부처님께 절하고 경배하는 것에만 열중하는 제자가 있었다. 부처님은 그 제자에게 직접 수행을 해서 자기 스스로 깨쳐야 부처 공

경만 한다고 성불하는 것이 아니라고 설득을 하여 직접 수행하게 한 일이 있었다. 성철스님을 만나기 전에 삼천배를 시킨 것도 스님 자신의 위상을 높이기 위한 것이 아니라, 각자 스스로 무엇인가 느끼고 능력을 개발하라고 시킨 것이다. 도인 얼굴만 본다고 해결될 일은 아무 것도 없기 때문이었다. 능엄주 독송, 아비라기도도 중생 구제를 위하여 제시하신 것이다.

능엄주 독송은 중국 당송대의 총림 수행법이다. 당송대의 총림에는 1,000~2,000여 명이나 되는 스님들이 수행을 했다. 각자 개성이 강하기 때문에 많은 스님들이 모여 있으면 여러 가지 문제가 생기고 분란이 발생했다. 그 모든 것을 나이 드신 방장 스님 혼자서 감당할 수는 없었다. 그러나 능엄신주 기도를 하면 일체대중이 한 마음 한 뜻으로 집결이 되어 경내가 평온해졌다. 성철스님 스스로 선(禪)을 통하여 견성성불하여, 중생이 곧 부처가 되는 길을 보이면서 전란의 고통에 허덕이는 사람들에게 불법의 정맥인 중국 당송대(唐宋代)의 총림 수행법을 가르쳐주신 것이다.

성철스님은 '고불고조(古佛古祖)'라는 말을 자주 쓰시며, "옛 부처와 조사를 귀감으로 삼으라." 하셨다. 그만큼 원칙에 맞게 살 것을 강조하신 것이다. 성철스님께서 청담스님에게 "우리 조그만 토굴로 들어가서 도토리 밥으로 주린 배를 면하더라도 조사어록을 스승삼아 공부하세."라고 하셨다. 또 "시간은 자기생명과도 같다. 잃어버린 건강은 음식으로, 잃어버린 재산은 근면검소로 회복할 수 있지만 잃어버린 시간은 회복할 수 없다."며 시간을 허투로 보내지 말 것을 강조했다.

6·25전란 당시 찾아오는 사람들에게 기도와 수행방법을 교시하여 여러 가지 영험을 보게 하였다. 고성 문수암에 계실 때 전쟁에 나간 아들이 걱정이 되어 찾아온 보살에게 삼천배를 하도록 시켰다. 보살은 처음 하는 삼천배에 기진맥진하며 몇 번이나 포기할까 고민하며 주저앉기를 반복하며 겨우 끝까지 마쳤다. 포화가 쏟아지는 전장터의 아들은 어디선가 자기를 부르는 소리에 이끌려 따라오다 보니 고향까지 오게 되었다고 한 적도 있다.

사람들이 고통 속에 허덕이며 시대와 나라 운명을 원망할 때마다, 성철스님은 "우리가 받는 모든 고통과 악업은 과거생으로부터 우리 스스로가 지어온 업장의 과보"라 알려주시고 남 원망할 것 없다고 깨우치시며 '예불대참회'와 '비로자나 법신진언' 기도를 하도록 일러주셨다. 또한 "삼천배나 아비라기도를 하면 몸의 병, 마음의 병, 팔자의 병을 고친다"고 하셨는가 하면, "법당의 목불처럼 밤이나 낮이나 새벽이나 조금도 흐트러짐 없는 자세를 유지해야만 수행의 공덕이 생긴다. 즉 무엇이든 꾸준히 하고 한결같은 데서 수행의 공덕이 생기고 가피를 입는다."며 아비라기도나 삼천배도 마찬가지라고 하셨다.

또 성철스님께서는 "천 근을 들려면 천 근 들 힘이 필요하고, 만 근을 들려면 만 근 들 힘이 필요하다. 열 근도 못 들 힘을 가지고 천 근 만 근을 들려면, 그것은 어리석은 사람이 아니면 미친 사람일 것이다. 힘이 부족하면 하루바삐 힘을 길러야 한다."고 하셨다.

대부분 절에서 하는 기도라고 하면 절에 와서 시주금과 물건을 바치며 소원을 비는 것으로 알고 있다. 성철스님께서는 물질, 돈 등 타력(他力)에 의한 기원이나 스님들이 대신해주는 기도와 불공이 아니라 본인 스스로 참회기도를 하도록 했다. 복을 빈다고 복이 오고 복을 쌓아서 받는 것이 아니라, 기도를 통하여 신구의(身口意) 삼업(三業)이 맑아지면 과보(果報)가 바뀌고 행복이 온다고 하셨다. 엄청난 복을 빌고 사행심으로 기도하는 것은 업장을 더하는 것밖에 안 되고, 남과 내가 둘이 아닌 화엄법계 보현행원으로 기도하는 것만이 부처님의 바른 법이라고 일러주셨다. 스님께서는 또 "신심으로 공부하고 기도하면 누구든지 살아서 관음보살도 문수보살도 볼 수 있으며 산 부처님을 볼 수 있다. 신심으로 공부하고 기도할 뿐이지 다른 것은 아무 것도 없다."고 하셨다.

아들이 전쟁에 나가 걱정하는 어머니, 남편을 잃고 망연자실하는 아낙네, 부모 잃은 고아 등이 스님의 기도와 불공 방법으로 번뇌에서 벗어났다. 성철스님께서는 지위 고하(高下)와 부(富)의 다소(多少)를 막론하고, 직접 부처님께 올리는 정성스런 음식 등을 마련하여 손수 공양을 올리게 하였다. 소원을 빌고 재를 지내러 오는 신자에게는 『전경(轉經)』으로 천도재를 지내게 하셨다.

성철스님의 법문을 듣고 출가한 분 중에는 아이 4명이 있는 혜춘스님과 아이 두 명이 있는 철마스님이 계신다. 두 분 다 아이를 뒤로 하고 출가한 모진 어머니였지만 구도의 확고한 의지가 있었기에 누구보다 치열하게 수행하여 훌륭한 스님이 되셨다. 혜춘스님이 범어사 대성암에 계실 때 찾아온 서울대학교에 다니던 아들에게 "누구십니까?"라고 물으며 혈연에 연연하지 않으셨고, 철마스님은 평생 발우 한 벌과 좌복 하나만으로 청빈하게 사셨다고 한다.

# 3장

"절은 업장을 풀고, 아비라기도는 화두 참선하는 몸을 만들어 주며,
능엄주는 마장을 물리치고 가장 바른 화두참선을 가능하게 한다."

# 아비라기도

1967년 백련암에서 아비라기도를 처음으로 할 때 30명 정도의 인원으로 시작되었다. 그 후 참가자가 점점 늘어 1981년 성철스님이 조계종 종정에 오르면서 급격하게 늘어났다. 성철스님 생전에 700여 명에 달했던 참가자들은 열반 5주년, 사리탑 회향 아비라기도 때 1,000명을 기록했다. 그 당시는 마당에 텐트를 치고 멍석을 깔고 기도를 했다. 스님 생전에 기도를 하다 사람들이 힘이 빠졌을 때 성철스님이 사자처럼 표연히 멍석 사이를 걸어오면, 없던 힘이 다시 솟아나 기도를 다시 시작했다고 한다.

아비라기도 시 108배도 본래 있었고 장궤합장도 오래전부터 전해져 내려왔다. 능엄주와 회향게도 있었다. 그런데 그 요소들을

108배, 장궤합장 30분, 능엄주 독송, 회향게 이런 순서로 구성하신 분이 성철스님이시다. 성철스님께서 불교의 모든 염불, 기도, 수행 방법들을 살펴본 후, 중생들에게 아비라기도라는 최상승법을 내놓으신 것이다.

이런 순서로 기도를 하다보면 이 기도가 얼마나 과학적으로 잘 만들어졌는지를 체득하게 된다. 아비라기도는 우리 몸의 구성 원리와 특성, 우리 식(識)의 특성. 기의 흐름 등을 참작하며 완벽하게 만들어졌다.

그러면 '옴 아비라 훔 캄 스바하' 법신진언의 의미는 무엇인가?
'옴'자는 모든 법음의 으뜸이 되는 자(字)이며, 우주생성원리를 의미하며, 모든 공덕의 정상이 되는 글자이므로 진언의 머리에 둔다. '아, 비, 라, 훔, 캄' 이 다섯 글자는 비로자나 부처님의 몸을 뜻하는 글자이다. '야'자는 대원경지(大圓鏡智), '비'자는 묘관찰지(妙觀察智), '라'자는 평등성지(平等性智), '훔'자는 성소작지(成所作智), '캄'자는 법계체성지(法界體性智)를 나타낸다.

전5식-(안식, 이식, 비식, 설식, 신식)감정의 오류로 분류한다. 알음알이
제6식-착각의 오류, 분별의식으로 분류

제7식-나의 욕심의 오류, 자의식, 항상 나라는 생각

제8식-관념의 오류, 저장식(절대 없어지지 않음, 윤회의 주체가 됨)

중생의 업식이 맑아지고 이 모든 식이 청정해지면 다음과 같은 지혜가 된다.

5식 ⇨ 성소작지 : 이성적 지혜

6식 ⇨ 묘관찰지 : 바른 판단 지혜

7식 ⇨ 평등성지 : 대아적 지혜

8식 ⇨ 대원경지 : 진리적 지혜

범부의 8가지 의식이 변하여 대원경지(大圓鏡智), 평등성지(平等性智), 묘관찰지(妙觀察智), 성소작지(成所作智)의 4지가 된다고 한다.

대원경지는 인간의식의 심연에 있는 제8식이 무명(無明)을 모두 제거하게 될 때 나타나는 지혜이다. 이것은 한 점의 티끌도 없는 거울에 삼라만상이 그대로 비춰 모자람 없이 나타나는 것과 같이 원만하고 분명한 지혜이므로 크고 둥근 거울과 같은 지혜라고 한 것이다.

평등성지는 인간의 자의식(自意識)에 해당하는 제7식이 변하여 얻는 지혜이다. 제7식은 원래 나와 남에 대한 구별이 밑바탕에 깔려 있는 의식이므로 여러 가지 분별을 양산한다. 자타에 대한 차별적인 견해를 대자비심(大慈悲心)으로 바꾸어 일체가 한결같고 평등함을 관하여 중생교화를 위한 평등한 지혜가 발현된다.

묘관찰지는 제6식인 의식(意識)이 변하여 이루어지는 지혜이다. 이 지혜는 모든 법의 실상을 묘하게 관찰하여 설법을 베풀고 중생의 의혹을 끊는 데 사용하는 지혜라고 한다.

성소작지는 눈, 귀, 코, 혀, 피부의 5관으로 느끼는, 전5식(前五識)이 변하여 이루는 지혜이다. 즉, 5관으로 행하는 일을 올바로 이루도록 하는 지혜이기 때문에 성소작지라고 한 것이다.

이와 같은 4지에 대해서는 원효스님은 『무량수경종요(無量壽經宗要)』에서 이를 상세하게 해설하였다. 원효스님은 성소작지가 능히 부사의한 일을 만들어 낸다고 하여 부사의지(不思議智)라고 하였다.

부처의 신체적 구조는 중생과 크게 다를 바 없지만, 중생을 교화하고 그들의 중죄(重罪)를 소멸시키는 등 훌륭한 과보를 생각으로 헤아릴 수 없는 부사의한 것이라고 해설하였다.

묘관찰지는 가히 지칭할 수 없는 경계를 관찰하는 지혜이기 때문에 불가칭지(不可稱智)라고 표현하였다. 이른바 모든 법은 그림자나 꿈과 같아서 있는 것도 아니요, 없는 것도 아니며, 말을 떠났고 생각이 끊어진 것이기 때문에 말만을 쫓는 사람들의 의식으로는 헤아려 볼 수가 없는 것이라고 하여 불가칭지라고 하였다.

평등성지는 제7식이 무아(無我)의 경지이기에 평등하게 포섭하지 못할 것이 없다. 모든 중생을 널리 제도하고, 동체지(同體智)로써 모든 중생을 정각(正覺)의 세계로 인도하기 때문에 대승광지(大乘廣智)라고 하였다.

대원경지는 마음의 근원으로 들어가서 일체의 경계를 뚜렷이 비추는 무등무륜최상승지(無等無倫最上勝智)라고 하였다. 대원경지에는 다섯 가지 수승함이 있다고 하였다.

첫째는 무등이다. 해탈신(解脫身)은 이승(二乘)도 얻을 수 있는 것이지만, 대원경지는 법신(法身)으로서 부처만이 이룰 수 있는 것이므로 무등이라 한 것이다.

둘째는 무륜(無倫)이다. 앞의 세 가지 지혜는 보살도 점차로 얻을 수 있는 것이지만, 대원경지는 부처만이 증득할 수 있는 것이므로 다른 무리와는 함께 하는 짝이 없다고 하여 무륜이라 한 것이다.

셋째는 최(最)로서 성소작지를 넘어서 있는 것이기 때문이다.

넷째는 상(上)으로서 묘관찰지의 위에 있는 것이기 때문이다.

다섯째는 승(勝)으로서 평등성지보다 더 너그럽기 때문이라고 하였다.

'캄'자는 법계체성지(法界體性智)를 나타내는데, 법계체성지(法界體性智)는 만유(萬有) 제법의 체성이 되는 지혜(智慧)를 말한다.
광명의 상징인 비로자나 법신의 뜻을 번역하면 '대일여래(大日如來)'이다. '스바하'는 회향(廻向)의 의미를 담은 범음으로, 진언의 마지막에 둔다. 한자(漢字)로 간접 음역하였을 때에는 한자 글자를 따라 '사바하'라고 읽었으나 스님께서 처음으로 만국표기 음표에 의한 직접 음역을 하여 '스바하'라고 읽게 하셨다. '옴'은 우주생성원리이며 모든 법음의 으뜸이고 '아비라 훔 캄'은 법신을 의미하고 '스바하'는 회향의 의미라, "우주삼라만상의 모든 일이 뜻대로 되게 하소서"라는 뜻이다.

비로자나 법신진언을 다음과 같이 나타낼 수 있다.

|   | 5대 | 방향 | 5색 |
|---|---|---|---|
| 아 | 지(地) | 동(東) | 황(黃) |
| 비 | 수(水) | 서(西) | 백(白) |
| 라 | 화(火) | 남(南) | 적(赤) |
| 훔 | 풍(風) | 북(北) | 흑(黑) |
| 캄 | 공(空) | 중(中) | 청(靑) |

비로자나 법신진언은 법신이신 비로자나불을 상징하는 것이다. 진언(眞言)이란 범어 '다라니'의 뜻 번역이다. 부처님께서 일러주신 법의 음이며, 무한한 공덕이 있어 일념으로 외우고 염상(念想)하여 삼매(三昧)를 성취하면 바로 불지(佛地)에 이른다. 이 진언을 암송함으로써 마음의 '묵은 원한', '한' 같은 것을 토해내어 몸과 마음이 청정해진다. 성철스님께서는 "법신진언(옴 아비라 훔 캄 스바하)을 한 번 외는 것이 관세음보살 백 만 번 외는 것과 같다." 하셨다.

또 스님은 다른 불경을 35년 독송한 대학교수와 설전을(?) 벌이셨는데, 그 분이 가고난 뒤 제자들에게 "그래도 능엄주가 더 수승하다."며 능엄주의 공덕을 강조하셨다.

불필스님에 의하면 석남사의 인홍스님이 병으로 사경을 넘나들 때 성철스님은 능엄주와 대참회로 삼칠일(21일) 동안의 기도를 권하셨다. 21일 동안 일반인들은 법당에 들어오지 못하게 하고 목탁과 염불소리가 끊어지지 않게 하면서 향을 피워놓고 두 사람은 백팔참회를 하고 두 사람은 능엄주 독송을 하게 했다. 16명이 조를 짜서 4팀이 2시간씩 교대하며 계속적으로 기도를 했다. 기도를 시작한 그 시간에 인홍스님은 수술실에 들어가서 장장 8시간에 걸친 대수술을 받았다. 몸을 열고 보니 췌장이 곪아터져 있었고 보통사람 같으면 벌써 죽었을 만큼 상태가 좋지 않았다고 한다.

인홍스님에 의하면 수술하는 동안 수술대 주위에 문수보살, 보현보살, 관세음보살, 대세지보살이 둘러서서 배를 어루만져주었다고 한다. 췌장염증은 다른 통증보다 특히 아픈데 스님은 진통제도 맞지 않고 7일 만에 실밥을 뽑고 빠르게 회복하셨다. 수술 후에도 석남사에서 기도는 계속되었고 기도가 끝나는 날 스님도 퇴원을 하셨다. 석남사에 도착한 스님은 수술한 몸에 가사장삼을 걸치고 대웅전에서 3배를 하셨다. 그때가 1964년 늦가을이었다고 한다.

당시 스님의 수술을 집도한 독일인 침례병원장은 췌장이 터졌는데도 수술이 성공한 것은 거의 기적이라며 본국에 보고했을 정도란다. 이 사실만 보아도 석남사 대중들이 얼마나 기도를 지극정성으로 신심 있게 하였는지 알 수 있는 일이다.

비로자나불이 어떤 분인가? 삼신(三身) 부처님 중의 한 분이다. 법신(法身)이신 비로자나불, 보신(報身) 혹은 수용신(受用身)이신 노사나불, 화신(化身) 혹은 응신(應身)이신 석가모니불이다.

즉 중생을 제도하러 오신, 교화대상에 따라 여러 가지 모습으로 나타나는 차안(此岸)의 석가모니불, 법계에 상주하는 피안(彼岸)의 우주의 본체인 진여실상을 인격화한 청정법신이신 비로자나불, 진리자체인 법신에 의지하여 밝고 맑고 바른 마음을 인연으로 얻어진 차안과 피안의 교량이신 원만보신 노사나불이시다.

보신은 보살(菩薩)이 바라밀(波羅蜜)을 수행하여 서원(誓願)이 완성됨에 따른 보과(報果)로써 되는 것이며, 원만하고 이상적인 부처이다. 이를 수용신이라고 하는 까닭도 선근공덕(善根功德)의 과보를 수용하는 불신이기 때문이다. 상대계(相對界)의 업신(業身)인 우리가 부처님의 무상정변지(無上正遍智)를 얻어 절대계(絶對界) 피안에 상주하시는 비로자나법신불에게로 돌아가는 것이 수행의 구경처(究竟處)이다

또 다른 방법으로 설명하자면 다음과 같다. 한 조각 구름이나 한 점 그림자도 없이 크고 넓고 끝없는 허공같은 마음세계를 관찰하면

서 청정법신인 비로자나불을 생각한다.

　허공같은 마음세계에 금색광명을 띤 한없이 맑은 물이 충만한 바다와 같은 성품바다를 관찰하면서 원만보신인 노사나불을 생각한다. 안으로 생각이 일어나고 없어지는 형체없는 중생과 밖으로 해와 달과 별과 산과 냇가와 대지 등 삼라만상의 뜻이 없는 중생과 사람과 축생과 꿈틀거리는 뜻이 있는 중생 등의 모든 중생들을 금빛 성품바다에 바람없이 금빛파도가 생성시키는 거품으로 관찰하면서 천백억 화신인 석가모니불을 생각한다.

　다시 말하자면 연못에 비친 달의 비유에서 달이 법신이고, 달을 비춘 맑은 물이 보신이고, 물에 비친 달이 화신이다.

　부처님의 가르침을 셋으로 나누면, 부처님의 마음을 전한 교외별전인 선(禪), 부처님의 말씀을 전한 밀교인 진언(眞言), 부처님의 뜻을 전한 교리(敎理)이다. 부처님의 마음에 바로 계합하는 선을 수행하는 길을 최상승(最上乘)이라 하고, 진언에는 크고 비밀한 뜻이 있다 하여 밀교(密敎)라 하고, 교리를 공부하는 길은 교학이라고 구분하고 있다. 성철스님께서 책 보지 말라는 말씀을 자주하셨는데 그것을 잘 해석해야 한다.

　스님께서는 "불립문자는 최상급에서 하는 소리입니다. 약이 필요없다는 것은 병이 없는 사람에게 해당되고, 병자에게는 약이 꼭 필요합니다. 부처님이나 조사의 말씀이 필요 없을 수준에 이르기

까지는 반드시 그 가르침에 의지해야 바른 길을 갈 수 있습니다." 라고 하셨다. 초보자에게는 교리 공부도 중요하다고 강조하신 말씀이다. 잘 알려졌듯이 성철스님 자신도 수많은 책을 읽었다.

'옴 아비라 훔 캄 스바하'가 짧은 것 같지만 계속 외우다보면 힘들어서 '옴 아이라…'하는 사람도 생기고 '옴 아리랑…' 할 때도 있다. 더 힘들면 앞에는 빼고 '훔 캄 스바하'만 하기도 한다. 또 각 단어마다 힘을 골고루 실어야 하는데 '훔'에만 '캄 스바하'에만 힘을 주는 경우도 있다. 그러면 전체 기도의 흐름이 깨어진다.

성철스님께서는 조금 해보고 안 된다 하지 말고, 꾸준히 열심히 해 나가면 무엇이든 이루어지고 밝아진다고 하셨다. 또 "작은 일이라도 끝을 마치지 않으면 큰 일 또한 끝을 맺을 수 없는기라."고 하셨다. 또한 "천 마디 말보다 한 가지 실행이 중요하다. 실행없는 헛소리는 천번만번 해도 소용이 없다"고 하셨으며, "그림 속의 떡은 아무리 보아도 배부르지 않고, 그림 속의 사람은 아무리 불러도 대답이 없다"고 말씀하셨다.

아비라기도에서 장궤합장 30분을 하고 나면 아픈 무릎, 다리를 어루만지며 앉아서 능엄주를 외운다. 부처님이 선정에 드시면 정수리에서 강력한 한 줄기 빛이 쏟아져 나오고 그 빛 속에 선정에 드신 무수한 부처님이 출현하고, 그 각각의 부처님들이 암송하는 것이 능엄주라 한다. 산스크리트어 원어로 비록 그 발음이 어렵지만 능엄주 그 자체의 발음만으로도 묘하고 엄청난 힘을 발휘한다.

장궤합장을 하여 '옴 아비라 훔 캄 스바하' 법신진언을 외우는 것은 우주와 커뮤니케이션 즉 소통을 하는 것이다. 소통을 하려면 몸이 열려야 한다. 그 열려진 몸에 나쁜 기운이 들어오지 못하도록 능엄주를 외우는 것이다. 또 능엄주는 마장을 없애주고 앞으로 기도와 참선을 잘 할 수 있는 힘과 좋은 기운을 만들어준다.

왜 30분 동안 장궤합장 상태에서 법신진언을 암송해야 하는가? 그것은 최소 20분 정도 암송해야 뇌파를 울리기 때문이다. 따라서

30분 정도 해야 우리의 내면, 식(識)에 변화가 오는 것이다. 이 진언에 집중하며 30분 동안 외우면 머리에 쌓인 온갖 잡념들이 대부분 제거되고 마치 뇌를 깨끗이 씻어내고 정화시키는 역할을 한다. 즉 영혼을 맑게 하는 것이다. 이렇게 마음과 몸, 의식, 무의식, 육체를 정화시키고 세정하는 것이 아비라기도이다.

### 능엄주

|

스타타가토스니삼 시타타파트람 아파라지탐 프라튱기람 다라니 나맣 사르바붇다보디사트베뱧 나모삽타남 사먁삼붇다 코티남 사스라바카삼가남 나모로케아르한타남 나모스로타판나남 나모스크르타가미남 나모아나가미남 나모로케사먁가타남 사먁프라티판나남 나모라트나트라야야 나모바가바테 드르다수라세나 프라하라나라자야 타타가타야아르하테 사먁삼붇다야 나모바가바테 아미타바야 타타가타야아르하테 사먁삼붇다야 나모바가바테 악소바야 타가타야아르하테 사먁삼붇다야 나모바가바테 바이사이쟈구루바이투랴 프라바라자야 타타가타야아르하테 사먁삼붇다야 나모바가바테 삼푸스피타사렌드라라자야 타타가타야아르하테 사먁삼붇다야 나모바가바테 사캬무나예 타타가타야아르하테 사먁삼붇다야 나모바가바테 라트나쿠수마 케투라자야 타타가타야아르하테

사먁삼붇다야 나모바가바테 타타가타쿠라야 나모바가바테 파드마쿠라야 나모바가바테 바즈라쿠라야 나모바가바테 마니쿠라야 나모바가바테 가르자쿠라야 나모데바르시남 나모신다비댜다라남 나모신다비댜다라르시남 사파누그라하 사마르타남 나모브라흐마네 나모인드라야 나모바가바테 루드라야 우마파티사헤야야 나모나라야나야 락삼미사헤야야 팜차마하무드라 나마스크르타야 나모마하카라야 트리푸라나가라 비드라파나카라야 아디뭊토카 스마사나바시니 마트르가나 나맣스크르타야 에뇨 나맣스크르트바 이맘 바가바타 스타타가토스니삼 시타타파트람 나마파라지타 프라튱기람 사르바데바 나마스크르탐 사르바데베뱧 푸지탐 사르바데베스차 파리파리탐 사르바부타그라하 니그라하카림 파라비댜체다나카림 두남타남 사트바남 다마캄 두스타남 니바라님 아카라므르튜 프라사마나카림 사르바반다 나 몪사나카림 사르바두스타 두스바프나니 바라님 차투라시티남 그라하사하스라남 비드밤사나카림 아스타빔 사티남 낰 사트라남 프라사다나카림 아스타남 마하그라하남 비드밤사나카림 사르바사트루니바라님 구람 두스바프나남차나사님 비사사스트라 아그니우다카우트라남 아파라지타구라 마하찬남 마하디프탐 마하테잠 마하스베탐 즈바라 마하바라 스리야판다라바시님 아랴타라 브르쿠팀 체바잠 바즈라마레티 비스루탐 파드마크맘 바즈라지흐바차 마라체바파라지타 바즈라단디 비사라차 산타바이데

하푸지타 사이미루파 마하스베타 아랴타라 마하바라아파라 바즈라 상카라체바 바즈라코마리 쿠란다리 바즈라하스타차 마하비탸 타타 캄차나마리카 쿠숨바라타나체바 바이로차나 쿠다르토스니사 비즈름바마나차 바즈라카나카 프라바로차나 바즈라툰디차 스베타차카 마락사 사시프라바 이톄테 무드라가나 사르베락삼 쿠르반투 마마 샤 옴 리시가나 프라사스타 타타가토스니사 훔 브룸 잠바나 훔브룸 스탐바나 훔브룸 보하나 훔브룸 마타나 훔브룸 파라비댜 삼박 사나 카라 훔브룸 사르바두스타남 스탐바나카라 훔브룸 사르바 약사 락사사그라하남 비드밤사나카라 훔브룸 차투라시티남 그라하사하스라남 비나사나카라 훔브룸 아스타빔사티남 낙사트라남 프라사다 나카라 훔브룸 아스타남 마하그라하남 비드밤사나카라 락사락사 맘 바가밤 스타타가토스니사 마하프라튱기레 마하사하스라부제 사하스라시르사이 코티사타사하스라네트레 아뱀댜 즈바리타나타나 카 마하바즈로다라 트르부바나 만다라 옴 스바스티르바바투 마마 라자바야 초라바야 아그니바야 우다카바야 비사바야 사스트라바야 파라차크라바야 두르빅사바야 아사니바야 아카라므르튜바야 다라니부미캄파바야 우르카파타바야 라자단다바야 나가바야 비듀바야 수프라니바야 약사그라하 락사사그라하 프레타그라하 피사차그라하 부타그라하 쿰반다그라하 푸타나그라하 카타푸타나그라하 스칸다그라하 아파스마라그라하 운마다그라하 차야그라하 레바티그라하 우자하리냐 가르바하리냐 자타하리냐 지비타하리냐 루디라하 리냐 바사하리냐 맘사하리냐 메다하리냐 마자하리냐 반타하리냐 아수챠하리냐 치차하리냐 테삼사르베삼 사르바그라하남 비댬 친다 야미 키라야미 파리브라자카 크르탐비댬 친다야미 키리야미 다카 다키니 크르탐비댬 친다야미 키라야미 마하파수파티 루드라 크르 탐비댬 친다야미 키라야미 타트바가루 다사헤야 크르탐비댬 친다 야미 키라야미 마하카라 마트르가나 크르탐비댬 친다야미 키라야 미 카파리카 크르탐비댬 친다야미 키라야미 자야카라마두카라 사 르바르타 사다나 크르탐비댬 친다야미 키라야미 차투르바기니 크 르탐비댬 친다야미 키라야미 브름기리티카 난디케스바라 가나파 티 사헤야 크르탐비댬 친다야미 키라야미 나그나스라마나 크르탐 비댬 친다야미 키라야미 아르한타 크르탐비댬 친다야미 키라야미 비타라가 크르탐비댬 친다야미 키라야미 바즈라파니 크르탐비댬 친다야미 키라야미 브라흐마크르탐 루드라크르탐 나라야나크르탐 비댬 친다야미 키라야미 바즈라파니 구햐카디파티 크르탐비댬 친 다야미 키라야미 랍사랍사맘 바가밤 시타타파트라 나모스투테 아 시타나라르카 프라바스푸타 비카시타타파트레 즈바라즈바라 다카 다카 비다카비다카 다라다라 비다라비다라 친다친다 빈다빈다 훔 훔 파트 파트 스바하 헤헤 파트 아모가야 파트 아프라티하타야 파 트 바라프라다야 파트 아수라비드라파카야 파트 사르바데베뱌 파트 사르바나게뱌 파트 사르바약세뱌 파트 사르바락사세뱌 파트 사르바가루데뱌 파트 사르바간다르베뱌 파트 사르바아수레뱌 파트 사르바킨다레뱌 파트 사르바마호라게뱌 파트 사르바부테뱌 파트 사르바피사체뱌 파트 사르바쿰반데뱌 파트 사르바푸타네뱌 파트 사르바카타푸타네뱌 파트 사르바두르람기테뱌 파트 사르바두스프렉시테뱌 파트 사르바즈바레뱌 파트 사르바아파스마레뱌 파트 사르바스라마네뱌 파트 사르바티르티케뱌 파트 사르바운맘데뱌 파트 사르바비댜차례뱌 파트 자야카라 마두카라 사르바르타 사다케뇨 비댜차례뱌 파트 차투르바기니 뱌 파트 바즈라코마리 쿠란다리 비댜제뱌 파트 마하프라퉁기레뱌 파트 바즈라상카라야 프라퉁기라라자야 파트 마하카라야 마트르가나 나마스크르타야 파트 인드라야 파트 브라흐미니예 파트 루드라야 파트 비스나비예 파트 비스네비예 파트 브라흐미예 파트 아그니예 파트 마하카리예 파트 로드리예 파트 카라단디예 파트 아인드리예 파트 마트리예 파트 차문디예 파트 카라라트리예 파트 카파리예 파트 아디묵토카스마사나 바시니예 파트 예케칩타 사트바 마마 두스타칩타 파파칩타 로드라칩타 비드바이사칩타 아마이트라칩타 우트파다얀티 키라얀티 만트라얀티 자판티 조한티 우자하라 가르바하라 루디라하라 맘사하라 메다하라 마자하라 바사하라 자타하라 지비타하라 먀하라 바랴하라 간다하라 푸스파하라 파라하라 사샤하라 파파칩타 두스타칠타 데바그라하 나가그라하 약사그라하 락사사그라하 아수라그라하 가루나그라하 킨다라그라하 마호라가그라하 프레타그라하 피사차그라하 부타그라하 푸타나그라하 카타푸타나그라하 쿰반다그라하 스칸다그라하 운마다그라하 차야그라하 아파스마라그라하 다카다키니그라하 레바티그라하 자미카그라하 사쿠니그라하 난디카그라하 람비카그라하 칸타파니그라하 즈바라 에카히카 드바이티야카 트레티야카 차투르타카 니탸즈바라 비사마즈바라 바티카 파이티카 스레스미카 산디파티카 사르바즈바라 시로르티 아르다바베다카 아로차카 약시로감 무카로감 흐르드로감 카르나수람 단다수람 흐르다야수람 마르마수람 파라스바수람 프르스타수람 우다라수람 카티수람 바스티수람 우루수람 잠가수람 하스타수람 파다수람 사르방가프라튱가수람 부타베타다 다카다키니 즈바라다드루칸 듀키티 바로타바이 사르파로하링가 소사트라 사가라 비사요가 아그니 우다카 마라베라 칸타라 아카라 므르튜 트라이무카 트라이라타카 브르스치카 사르파나쿠라 심하 뱌그라 릭사 타라릭사 차마라지비베 테삼 사르베삼 시타타파트라 마하바즈로오스니삼 마하프라튱기람 야바드바 다사요자나 뱐타레나 사마반담 카로미 디사반담 카로미 파라비댜 반담 카로미 테조 반담 카로미 하스타 반담 카로미 파다 반담 카로미 사르방가프라튱가 반담 카로미 타댜타 옴 아나레 아나레 비사다 비사다 반다반다 반다니반다니 바이라바즈

라파니 파트 훔 브룸 파트 스바하 나모스타타가타야 수가타야르하테 사먁삼붇다야 시댬투 반트라파다 스바하

　일법스님은 "능엄주는 전생의 업을 녹인다. 그리고 업을 푸는 데는 절하는 게 최고다"라고 하였다. 이 능엄주를 하면서, 능엄주를 하는 '나'와 그 '나'를 관찰하는 '나'가 있어야 한다. 관찰하는 '나'가 사라지면 혼미한 상태인 무기에 빠진다. 관찰하는 '나'가 있어야 철저하게 깨어 있는 것이다. 항상 깨어 있어야 한다. 성경에서도 항상 깨어 있으라 했고, 항상 기도하라 했고, 범사에 감사하라 했다. 불교의 선사들도 항상 깨어 있으라고 말한다. 그리고 보면 불경이나 성경이나 통하는 부분이 많은데, 인간들이 다르다고 우긴다. 성 프란체스코 수도사는 "천국이 하늘에 있다면 새들이 먼저 천국에 갔을 것이고, 천국이 바다에 있다면 물고기들이 천국에 먼저 갔을 것이다. 천국은 여러분들 마음 속에 있다. 또 나뭇잎 하나, 공기 하나, 물 한 방울에

도 영성이 깃들어 있다고 하였다. 성 프란체스코의 사상은 처음에는 이단으로 취급받았으나 후에 인정되었다. 그 분의 영성사상은 불성사상과 유사한 점이 많다.

　프랑스 그르노블에서 샹베리 방향으로 15km 정도 산속 길을 가면 샤르트르즈(chartreuse)수도원이 나온다. 가톨릭 교단 중 규율이 가장 엄격한 곳 중의 하나로 15세기에 세워졌다. 각자 좁은 방 하나에 들어가고 밖에서 문을 걸어 잠그면, 식사 들어가는 조그만 구멍이 외부와의 유일한 통로이다. 그 방문 앞에는 "신이 나를 선택한 게 아니라, 내가 신을 선택했다"라고 씌어져 있다. 그 안에서 수도사들은 기도와 정진으로 신을 만난다. 마치 불교의 무문관처럼

일정 기간 동안 혼자 독방에서 정진하는 것이다. 초기 기독교의 교회들은 높은 산 절벽 위에 지어졌고 그곳에서 수도사들은 신을 경배하고 기도하며 수련을 했다. 따라서 불교나 가톨릭이나 수도하는 양식과 의미도 상당히 유사하다.

중국의 관음도량인 보타낙가산 총림에 수천 명의 비구들이 정진하고 있었다. 어느 날 갑자기 피부병이 만연하여 온 대중이 병마에 시달렸다. 총림의 주지인 진헐스님은 병의 쾌유를 비는 관음기도를 시켰다. 백일기도 회향일에 관세음보살이 나타나 대불정능엄신주 기도를 하라고 했다. 모든 대중이 대불정능엄신주를 수지 독송

한 지 몇 주일 만에 온 대중의 병이 나았다. 아난존자가 마등가의 마력에 빠져 고난에 빠졌을 때도 능엄주의 위력으로 아난존자를 구했다. 능엄주에는 능엄경의 정수가 들어 있다.

산스크리트어인 능엄주를 해설하면 다음과 같다.

**능엄주 해설**
|

이 다라니는 부처님의 정수리에서 나오는 빛을 음으로 표현한 비밀한 계송이며 미묘한 장구(章句)로서 시방의 모든 부처님을 출생하게 하고, 모든 세상의 여래가 이 주문의 힘으로 인하여 최상의 깨

달음을 성취하였다.

　시방의 여래가 이 주문의 마음을 잡아서 모든 마(魔)를 항복받고 모든 외도(外道: 불법 이외의 다른 종교)들을 제압하였다.

　시방의 여래가 이 주문의 힘 덕분으로 보련화에 앉아 미진(微塵) 국토에 응화하신다.

　시방의 여래가 이 주문의 뜻을 품고 미진 국토에 대법륜(大法輪)을 굴리신다.

　시방의 여래가 이 주문의 마음을 가지고 능히 시방에서 마정수기(수행자의 정수리를 만져주며 성불할 시기와 때를 말씀해 주시는 것)를 하며, 자기의 과(果: 수행의 성과)를 이루지 못하였을 때에도 역시 시방의 부처님으로부터 수기를 받는다.

　시방의 여래가 이 주문의 마음에 의하여 능히 시방에서 여러 가지 고통을 구제하여 주신다.

　지옥, 아귀, 축생의 고통과 눈 멀고, 귀 어둡고, 벙어리 된 고통과 원수와 만나는 고통, 사랑하는 사람과 헤어지는 고통, 구해도 얻지 못하는 고통 오음이 치성하는 고통과 크고 작은 횡액을 동시에 벗어나게 하며, 도적, 난리 법망에 걸리는 것 감옥에 갇히는 것과 바람, 불, 물의 난리와 기갈(飢渴)과 빈궁이 수행자의 생각을 따라 소멸하게 한다.

　시방의 여래가 이 주문의 마음을 따라서 능히 시방에서 선지식을 섬기되 행주좌와(行住坐臥 : 언제 어느 때나 항상)에 여의하게 공양하고 항하사(항하사 강의 모래알처럼 무수히 많은) 여래의 회중에서 법왕자로 추대된다.

시방의 여래가 이 주문의 마음을 행하여서 능히 시방에서 친근한 인연을 거두고 모든 소승으로 하여금 비밀한 법문을 듣고도 놀라지 않게 한다.

시방의 여래가 이 주문을 염송하여 최상의 깨달음을 성취하고 보리수에 앉으며, 대열반에 든다.

시방의 여래가 이 주문의 마음을 전하여 멸도한 뒤에 불법을 부촉하여 끝까지 머물게 하며 계율을 엄정히 하여 모두 청정하게 한다.

만약 내가 이 부처님 정수리 광명으로 된 '반다라 주문'의 공덕을 말하려 하면 아침부터 저녁까지 끊임없는 음성으로 중복되는 말이 없이 항하사겁(무량한 시간)이 지나도록 하여도 다할 수 없다.

또 이 주문을 여래정(如來頂)이라고도 이름짓는다.

아직 배워야 하는 수행자들 즉 윤회를 끊지 못한 자들이 발심하여 지성으로 아뇩다라삼먁삼보리(무상정등각)로 나아가려 하는데 이 주문을 지니지 않고서는 도량에 앉아서 그 몸과 마음으로 하여금 모든 마장을 물리치기란 힘들다.

모든 세계의 모든 국토의 중생들이 그 국토에서 생산되는 비단이나 나뭇잎 종이나 천 따위에 이 주문을 써서 향낭에 간직하면 이 사람이 마음이 혼미하여서 능히 외우지 못하더라도 혹은 몸에 지니거나 집안에 써서 두는 것 만으로도 이 사람이 한 평생 모든 독해에 걸리지 않을 것이다. 또 이주문은 세간을 구호하여 대무외(大無畏 : 모든 일에 두려움이 없음)를 얻게 하고 중생으로 하여금 출세간의 지혜를 성취하게 한다.

부처님께서 멸도한 뒤에 말세의 중생이 능히 스스로 외우거나 남에게 시켜서 외우게 하면 이러한 중생은 불이 태울 수 없고 물이 빠뜨릴 수 없으며 크고 작은 어떠한 독도 해할 수 없나니, 용(龍), 천신(天神), 귀신, 정령, 도깨비, 마귀의 악한 주문이 붙지 못하며, 마음에 정수(正受)를 얻어서 어떠한 저주도 독약도 해하지 못하며 또 금독, 은독, 초목 충사 따위 만물의 독기도 이 사람의 입에 들어가면 감로(어떠한 질병도 고치는 신비한 성수) 미(味)가 되며 온갖 나쁜 별(별의 기운으로부터 오는 장애)이나 귀신들이나 해독심을 품은 사람이나, 모두 이 사람에게는 악해를 일으키지 못할 것이다.

또 빈나야가(사람들의 일을 간섭하는 귀신의 한 종류) 등의 악한 귀왕과 그 권속들이 깊은 은혜를 받고 항상 수호한다.

설혹 어떤 중생이 삼매(三昧)가 아닌 산란한 마음으로 기억하거나 외우거나 해도 금강장왕(金剛藏王)이 저 수행자를 항상 따라 다니며 보호한다.

그리고 보리심이 결정된 자들은 말할 나위도 없다.

　이 금강장왕의 정심(精心)이 은밀한 가운데 신속하게 저들의 신식(神識)을 발명케 하여, 이 사람이 때에 응하여 능히 팔만사천 항하사겁 일(과거전생의 일들)을 능히 기억하게 하고 모두 알아서 의혹이 없이 될 것이다.

　현세에서 죽어서부터 제1겁의 후신에 이르기까지 태어날 적마다 야차, 나찰, 부단나, 가타부단나, 구반다, 비사차 따위나 모든 아귀나 형체가 있거나 없거나 생각이 있거나 없거나 한 여러 가지

나쁜 곳에 태어나지 않는다.

그리고 이 선남자가 이 주문을 읽거나 외우거나 쓰거나 인쇄하거나 몸에 지니거나 잘 간직하여 두거나 하여 여러 가지로 공양하면 어떤 겁(무수한 시간, 무수한 윤회 속에서도)을 지내어도 빈궁하고 하천한 좋지 않은 곳에 태어나지 않는다.

이 모든 중생이 비록 그 자신은 복을 짓지 못하였더라도 시방의 여래께서 지니신 그 공덕을 모두 이 사람에게 주시나니 이로 말미암아서 무수히 말할 수 없는 겁 동안을 항상 모든 부처님과 함께 동일한 처소에 태어나서 한량없는 공덕이 영원히 흩어짐이 없을 것이다.

그러므로 파계한 사람은 계근(戒根)이 청정하게 하고 계(戒 : 계율)를 얻지 못한 자는 계를 얻게 하며, 정진을 못하는 자는 정진을 하게 하고 지혜가 없는 자는 지혜를 얻게 하며, 청정하지 못한 자는 속히 청정함을 얻게 하고, 재계(齋戒)를 갖지 못하는 자는 스스로 재계를 이루게 한다.

이 선남자가 이 주문을 지송할 때는 설혹 금계를 범하여서 그것이 주문을 받기 전이거나 받은 뒤의 일이라 하더라도 여러 가지 파계한 죄가 경중을 물을 것이 없이 일시에 소멸하며, 또 비록 술을 먹고 오신채를 먹어서 여러 가지로 청정하지 못하더라도 모든 불, 보살과 금강장왕과 하늘, 신선, 귀신들까지도 이를 허물로 삼지 않는다.

설사 깨끗하지 못하고 떨어진 의복을 입었을지라도 가거나 머물거나 간에 모두 청정할 것이며, 비록 단을 만들지도 않고, 도량에도 들어가지 않고, 도를 수행하지 않더라도 이 주문을 지송하면 단에 들어가서 수행한 공덕과 다를 것이 없다.

만약 오역의 무간중죄를 지었더라도 비구, 비구니가 사기와 팔기를 범하였더라도 이 주문을 외우면 이와같은 무거운 죄업이 마치 사나운 바람에 모래가 날리어 흩어지듯 모두 없어져서 털끝만큼도 남음이 없을 것이다.

만약 어느 중생이든지 무량무수겁으로부터 가볍거나 무겁거나 죄장이 있는데 이것을 전부터 참회하지 못하고 있더라도 이 주문을 읽거나 외우거나 쓰거나 인쇄하거나 해서 몸에 지니든지 거처하는 집이나 별장이나 서재같은 곳에 소중하게 두면 이런 업장이 끓는 물에 던져진 눈이 녹듯, 그리고 또 만약 어느 여인이 아들도 딸도 낳지 못하여 낳기를 구하려면 지극한 마음으로 이 주문을 외우거나 몸에 지니거나 하면 문득 복과 덕이 있고 지혜가 있는 아들 딸을 낳게 되며, 명이 길기를 구하는 자는 곧 명이 길어짐을 얻을 것이요 과보(果報)가 빨리 원만하기를 구하면 곧 원만한 과보를 얻을 것이며 몸도 정신도 인물도 힘도 역시 이렇게 될 것이다.

그리고 목숨이 다한 뒤에는 원에 따라서 시방의 어떠한 국토에 태어나되 반드시 변방에 하천한 신분으로 태어나지 않을 것이며,

더 못한 축생류나 아귀류에는 절대 태어나지 않을 것이며, 복이 많고 평안한 집안에 태어나거나 하늘 세계에 태어나거나 더욱 더 좋은 세상에 태어나게 될 것이다.

모든 국토의 주(州), 현(縣), 도시(都市)나 취락에 흉년이 들든지 괴질이나 전염병이 들든, 난리가 나든지, 외적이 들든지, 싸움이 일어나든지, 그 밖에 여러 가지 액난이 있든지 할 때, 이 신주를 써서 성의 사대문에나 지제(사리가 들어있지 않은 탑)에나 탈사(깃대) 같은 곳에 받들어 두고 그 국토의 중생들로 하여금 이 주문을 받들어 예배 공경하여 일심으로 공양하게 하며, 또 그들이 각각 몸에 지니거나 혹은 각기 그집에 모시어 두도록 하면 일체의 재앙이 모두 소멸될 것이다.

또 어느 곳에 있어서나 어느 국토에서나 어느 중생에게나 이 주문이 있으면 천신도 용(龍)도 기뻐하고, 바람과 비가 때를 맞춰서 순조로워 오곡이 풍성하며, 모든 백성들이 안락하리라.

그리고 또 능히 모든 악성(惡星 : 사람의 길흉화복을 관장하는 별자리)을 눌러서 곳에 따른 온갖 변괴와 재앙과 장난이 일어나지 않게 되고 사람이 횡액을 만나거나 요사하는 일이 없으며, 낮에나 밤에나 편안히 쉬고 잘 수 있으며, 언제나 사나운 꿈도 없을 것이다.

이 사바세계에는 팔만사천의 재변을 일으키는 악성이 있는데 이십팔의 대악성이 그 우두머리이고, 또 그 위에 여덟의 대악성이 있어서 주장이 되어 가지고, 갖가지 형상을 하고 세상에 나타나는데, 이때 중생들에게는 여러 가지 재변과 이상이 생기지만 이 주문이 있는 땅에는 그것이 모두 소멸될 것이다.

그곳에는 사백팔십리가 결계(신성한 기운으로 묶음)로 되어 있기 때문에 모든 나쁜 재앙 따위가 영원히 침입하지 못하는 것이다.

이러므로 여래가 이 주문을 설하여서 미래세에 있어서 초학으로 수행하는 자를 보호하여 삼매에 들게 함으로써 몸과 마음이 태연한 큰 안온을 얻게 하며, 다시 일체의 마장(魔障)이나 귀신이나 시초를 알 수 없는 과거부터의 원수와 재앙이나 묵은 업보와 묵은 빚쟁이가 와서 괴롭히고 침해하는 일이 없게 하는 것이다.

수행자나 모든 배워야할 사람이나 미래세의 모든 수행하는 자들이 여래께서 말한 단과 도장에 의하여 법대로 계율을 지키며, 수계사도 청정한 스님을 만나서 이 주문에 의심을 내지 않고 지송하는데도 지금 그 부모가 낳아준 몸으로 마음의 통달을 얻지 못한다면 시방의 여래가 곧 거짓말을 한 것이 될 것이다.

그러므로 반드시 소원하는 일 등이 이루어진다.

능엄주를 독송하며 자신의 업을 참회하고 법신과 하나가 되는 것이다. 이 능엄주의 뜻을 모르고 발음하는 것만으로도 큰 공덕을 쌓고 신기한 기운을 불러일으킨다. 음을 발성하는 것만으로 오묘한 파장이 생겨 엄청난 에너지와 신묘한 기운을 생성시킨다. 따라서 꼭 뜻을 알아야 하는 것은 아니다. 능엄주 독송이 끝나면 모두 일어서서 회향게를 낭송한다.

**회향게(回向偈)**

상래현전청정중(上來現前淸淨衆)
풍송능엄비밀주(諷誦楞嚴秘密呪)

회향삼보중룡천(廻向三寶衆龍天)
수호가람제성중(守護伽藍諸聖衆)

삼도팔난구리고(三途八難俱離苦)
사은삼유진점은(四恩三有盡霑恩)

국계안녕병혁소(國界安寧兵革銷)
풍조우순민안락(風調雨順民安樂)

대중훈수희승진(大衆熏修希勝進)
십지돈초무난사(十地頓超無難事)

삼문청정절비우(三門淸淨絕非虞)
단신귀의증복혜(檀信歸依增福慧)

시방삼세일체불(十方三世一切佛)
제존보살마하살(諸尊菩薩摩訶薩)

마하반야바라밀(摩訶般若波羅蜜)

  이 회향게의 내용도 우주만물이 모두 평안하고 행복하기를 바라는 것이다. 이 회향게까지가 아비라기도의 1파트이다. 이러한 1파트를 첫째 날 5번, 둘째 날 8번, 셋째 날 8번, 넷째 날 3번을 하여 24회를 하는 것이다. 또 더불어 삼천배도 자연스럽게 하게 되는데, 첫째 날은 새벽 2시 반에 일어나 세수와 양치질을 하고 새벽 3시부터 300배를 하고, 아비라기도 24번 때 108배씩 2,400여 배 하고 나흘 동안 사시맞이 때 100배씩 하면 삼천배를 초과하는 것이다.

  중요한 것은 절을 하거나, 능엄주를 독송하거나, 법신진언을 외우거나, 회향게를 하거나 항상 그것을 관찰하는 '나'가 있어야 한다는 것이다. 그 관찰하는 '나'가 또렷할수록 집중력이 강하고 몰입이 잘 된다는 것이다. 그리하여 기쁠 때나 괴로울 때나 그것을 관찰하는 '나'가 또렷하고 성성하면 상황에 구애받지 않고 정진할 수 있다. 그래서 무소의 뿔처럼 홀로 계속 가야 한다.

# 아비라기도의 고통

옆 사람과 소리와 호흡을 맞추며 100여 명의 대중을 한 사람으로 만드는 아비라기도 분위기는 '해병대 저리 가라' 할 정도로 엄중하게 규율이 잡혀 있다. 언뜻 생각하면 해병대원들이나 특수부대원들은 아비라기도를 쉽게 할 것 같기도 하다. 실제로 한번은 건장한 체격의 장정 3, 4명이 왔다. 특수부대원이라 하며 이 정도 기도쯤이야 하고 자신만만하게 시작했다.

그런데 기도에 참여한 지 얼마 안 되어 이게 단지 체력이나 담력만으로 해결될 일이 아니라는 것을 깨달았다. 그들은 끙끙거리며 가까스로 버티다가 얼마가지 못하고 나가 떨어졌다. 그 덩치좋은 장정들이 견디지 못하고 내려가자, 기도자들은 씩 웃으며 "그래 이

기도가 힘만 세다고 다 되는 게 아니여!"라고 했다. 특수훈련은 육체적으로 견디기만 하면 되지만 아비라기도는 완력과 끈기 외에 그 이상의 무엇이 필요하다.

108배를 끝내고 법신진언을 시작하고 10분이나 지났을까? 그때부터 갑자기 속이 뒤집어진다. 머리는 어지럽고 현기증이 나고, 헛구역질도 난다. 무릎이 아프다가 허리가 똑 끊어질 듯이 아프다. 이렇게 허점 많고 빈약한 몸을 내 몸이라 대단하게 자랑스럽게 여겼다니…

이 법신진언을 외우는 30분간이 아비라기도의 진수인데 진언 중 '아비라'라는 글자를 따 와서 '아비라기도'라고 한다. 한 20여 분이 지나면 허리, 어깨, 팔, 가슴 등에 꾹꾹 찌르고, 아리고, 쑤시고, 결리는 등 통증이 찾아온다. 이때부터는 1분이 1시간처럼 느껴진다.

어떤 보살님은 아비라기도의 고통이 산모가 애기를 낳을 때의 고통에 비할 만하다고 말한다. 참을 수 있는 고통의 수위를 넘기면 죽음이 느껴진다. 겨우 겨우 참자! 참자! 기절을 해서 쓰러지더라도 내 의지로는 절대 쓰러지지 않겠노라고 마음속으로 다짐하면, 갑자기 없던 힘이 생겨나고, 머리가 맑아지고 다시 정신을 차리게 되기도 한다. 그러다보면 한 파트가 끝난다.

정신없이 첫 회가 끝나고 이런 식으로 끝까지 버틸지 무섭기도 하고 캄캄하다. 겨우 버티기 위해 박카스도 마시고 파스도 붙이고,

근육통 약을 먹는 사람도 있다. 약의 효능을 빌어서라도 첫 번 아비라기도를 버텨내기 위해서다.

기도 중 "무릎이 아프건, 허리가 아파도 허리 니가 아프던지 말던지 나는 아비라기도 한다." 생각하면 훨씬 더 수월해지고 몸을 객관적으로 관찰하게 된다. 그런데 초보자일수록 통증이 심해지면 '아이고 내가 이러다 병신되는 거 아닌가? 기도하려다가 도로 병신되는 거 아닌가?'라는 생각과 함께 엄청난 공포감을 느낀다.

어떤 부위가 무섭게 아플 때, 예를 들어 무릎이 아플 때 통증을 줄여보려고, 그 부분을 주먹으로 치거나 딱딱한 곳에 부딪쳐서는 안 된다. 오히려 아픈 부위를 더 악화시킬 수 있다. 오직 방금 합장한 손의 따뜻한 온기로 무릎을 두루두루 어루만지고 감싸주어야 한다. 그러면 거짓말같이 자연스럽게 낫는다.

몸을 질질 끌다시피하여 어쨌든 아비라기도를 전부 마쳤을 때, 몸과 마음이 어쩌면 그렇게 가볍고 산뜻하고 행복할 수 있을까? 허약하고 연약한 것 같은 몸에 얼마나 엄청난 힘이 숨어 있고 인간 마음이 얼마나 큰 뜻을 품을 수 있는지 직접 경험하면 안다. 성철스님께서는 "십 년, 이십 년 입을 열지 말고 공부하거라. 그래도 너희를 벙어리라 말하지 않으리라." 하셨다.

# 아비라기도의 효험

　　　　　　백련암에는 큰 건물이 대적광전, 고심원, 원통전, 정념당, 장경각이다. 장경각에서는 주로 처사들이 기도를 하고 대웅전과 원통전, 정념당에서는 보살들이 기도를 한다. 장궤합장(꿇어앉은 상태에서 엉덩이를 들어올려 일직선이 되게 하여 합장하고 기도하는 모양) 자세를 유지한 채 일사불란하게 '옴 아비라 훔 캄 스바하'를 외치는 사람들. 모두가 장궤합장이라는 극도의 긴장상태에서 내 속의 법신(法身 : 본래의 나)을 깨우기 위해 법신진언을 치열하게 부른다.
　　장궤합장을 하는 이유는 인간으로서 가장 겸손하고 경의를 나타내는 자세이기 때문이다. 장궤합장은 허리가 똑 끊어질 것 같이 아프고, 팔도 저리고, 목도 아프고, 온 몸이 땀을 흘리며 고통을 받는

데 주저앉을 수도 없고, 어디 기댈 수도 없는 절대절명의 상황을 만든다. 따라서 그 자세는 백척간두에 달랑 선 것 같은 위기감과 처절함을 느끼게 해준다. 그 자세로 오래 있으면 아무 것에도 의지할 데 없이 자기 몸과 마음의 문제점, 약점을 느끼게 해준다. 평소 생활할 때 각자 막연하게 품고 있는 자기존재에 대한 확신을 여지없이 깨부순다. 자기존재라는 것이 얼마나 불안정하고 문제의 덩어리인가를 깨닫게 해준다. 성철스님은 "백련암에서 삼천배와 아비라기도가 끊이지 않게 하라."고 당부하셨다.

　보통 사람들은 절에서의 기도라 하면 절에 많은 돈을 갖다주고 스님이 대신 기도를 하고 축원을 해주는 것으로 생각한다. 조상에 대한 제사도 본인이 지내지 않고 절에 올려 스님이 대신 지내게 하기도 한다. 성철스님은 기도는 스님이 대신 해주는 것이 아니고 자기 스스로 몸과 마음을 닦는 것이고 하셨다. "무엇을 해 주십시오." 가 아니고, 자기 스스로의 능력을 개발하는 것이다. 복도 부처님이나 보살님께 "복 좀 주십시오."해서 받는 게 아니라 자기 스스로 지은 것을 받는 것이다.

　아비라기도가 영험이 있다고 소문이 나면서 몸과 마음에 이상이 있거나 또 다른 문제가 있는 사람들이 자기 발로 오거나 혹은 이끌려서 오기도 했다. 갑자기 시력이 떨어져가는 사람, 불치의 병에 걸린 사람 등 대부분 문제 있는 사람들이 왔다.

몇 년 전 정신발달이 지체된 사람이 왔다. 보기에는 15~6살 쯤 되어 보이는데 사실은 30대라는 것이다. 거기에다 아직 용변 보는 것도 제대로 못했다. 그 사람은 자신 때문에 평생 가슴앓이를 하는 어머니에게 이끌려 와서 기도를 시작했다. 문제는 한 몇 파트하고 나서 화장실에 갔다 들어오는데 그만 바지에 변을 묻혀서 들어왔다. 그것을 본 사람들이 소리를 지르며 다시 가서 씻고 오라고 했다. 그 사람은 어머니에게 달려가서 씻었다. 그 뒤 계속 사람들 눈치를 봤다. 또 그런 상태에서 사람들이 자기를 얕보지 않는가에 대해서 굉장히 민감했다. 하지만 그 사람도 꾸준히 기도에 참여하여 상태가 점차 호전되었다.

또 어떤 사람은 다운증후군이었는데 어릴 때부터 어머니와 함께 백련암에 왔다. 어릴 때부터 목탁을 두드리며 스님 행세를 하여 전생에 큰 도인이었다는 말도 돌았다. 그 아이 어머니의 정성이 대단해서 계속 기도와 절을 하였고, 아이 역시 지금은 아비라기도에 참여하여 끝까지 기도를 다하고 자기 표현 능력도 월등히 향상되었다. 모두 어머니의 사랑과 정성, 삼천배, 아비라기도 덕분이다.

아비라기도를 하면 호흡과 기의 흐름이 저절로 순환된다. 좁은 방 안에서 대중이 일사불란하게 진언기도를 통해 공명상태에 이르면 엄청난 에너지가 집결되어 대중공력이 생긴다. 성철스님은 "절은 업장을 풀고, 아비라기도는 화두 참선하는 몸을 만들어 주며,

능엄주는 마장을 물리치고 가장 바른 화두참선을 가능하게 한다." 고 하셨다. 또 "아비라기도, 절, 능엄주 수행없이 화두 참선에 들어가는 것은 무기 없이 전쟁터에 가는 것과 같다."고 하셨다.

아비라기도를 하면 건강상태도 스스로 체크가 되고 정신도 강인해진다. 또 몸과 마음의 나쁜 기운을 몰아내고 심신을 튼튼하게 하며 심지어 운명도 바꿀 수가 있다. 따라서 성철스님께서는 "아비라기도를 하면 몸의 병, 마음의 병, 팔자의 병을 고친다."고 하셨다.

성철스님은 일반대중들이 아비라기도를 매월 한다는 것은 힘들고, 1년에 한 번 한다는 것은 너무 적어 한 철에 한 번씩 4회로 정하신 것 같다. 성전암 시절 성철스님은 신도들이 절로 찾아오는 것도 싫어하셨다. 그렇다고 신도들을 철저히 배격할 수도 없어 1년에 4번 개방을 했다. 그 전통때문인지 아비라기도도 1년에 4번 하고 그 시기는 계절이 바뀌는 시기인 선원의 하안거, 동안거의 결제와 해제에 맞추어 실시한다. 계절의 변화와 더불어 아비라기도를 해서 축적된 정기와 기운이 약해지고 사회생활을 하며 심신이 타성에 젖어 나태해질 무렵 새로운 힘과 활력을 받을 수 있는 기회를 만드신 것이다.

성철스님께서는 1년에 아비라기도 4회 참가를 3년 하면 모래 위에 집도 짓는다고 하셨는데 기도 시기는 음력으로 1월 4일에서 7일, 4월 12일에서 15일, 7월 12일에서 15일, 10월 12일에서 15일이다. 이 기도로 업장소멸을 하고 다시 태어나도 중생계 즉 사람으로 태어날 수 있다고 하시며 아비라기도의 중요함을 강조하셨다.

아비라기도를 하는 동안은 무릎이 산산조각날 것처럼 아프고 허리는 똑 부러질 것 같고, 심장이 옥죄는 듯이 아프고, 팔과 가슴도 결리고 아프다. 바늘로 찌르는 듯한 아픔과 고통의 통증지옥, 무더위와 땀범벅의 화탕지옥의 고통, 등골을 스쳐가는 차가운 바람을 느끼는 팔한지옥의 고통 등을 맛보며 심신을 정화시키는 것이다. 아비라기도의 묘미는 이러한 아픈 것을 참고 견디고 관찰하는 것이다.

백련암의 좁은 공간에서 많은 사람들이 모이면 잘 때도 편하게 누울 공간이 없어 옆으로 칼잠을 자야 한다. 또 성철스님은 수행 중

"등을 대지 마라."고 하셨는데 이는 되도록 눕지 말라는 뜻이다. 만약 누우려 하면 서로에게 경각심을 불러일으킨다. 아비라기도를 하며 일정한 간격으로 정렬해 있다. 누군가 쓰러지면 옆 사람의 몸, 어깨에 걸리고 앞사람 엉덩이, 뒷사람의 배에 걸린다. 도반들은 누군가 주저앉으면 일으켜 세우고 덜덜 떨리는 손을 고정시키며 주의를 준다. 참가자들은 "남의 기도를 도와주다보면 내 기도가 더욱 잘 된다."면서 아비라기도를 할 때는 서로 먼저 선행을 하려고 한다.

성철스님께서는 "자신의 참회가 다 끝나면 남을 위해 기도하며, 행동해야 된다."고 하셨는가 하면 "근수역행(勤修力行) 즉 남을 위해 힘써 자신을 닦고, 닦은 바를 애써 실천하라."고 말씀하셨다. 또한 "베풀어주겠다는 마음으로 고르면 아무하고나 상관없다. 덕 보겠다는 마음으로 고르면 제일 엉뚱한 사람을 고르게 된다."고 하셨다. 또 "불사에는 건물불사, 수행불사, 인재불사가 있는데 그 중에 단연 인재불사를 해야 된다고 강조하셨다.

# 4장

기도를 마치고 나오는 보살들의 눈은 부리부리하고,
남자처럼 팔을 휘저으며 힘차게 걸어 나온다.
그 걸음걸이, 당당함, 법복에서 풍기는 기운 등이
여자 같지 않고 흡사 기개충만한 무사 같다.

# D-1

아비라기도는 3박 4일이지만 입제 준비차 하루 먼저 오는 것을 감안하면 4박 5일이다. 한꺼번에 백여 대의 차가 좁은 백련암 주차장에 몰리면 겹겹이 차를 주차하고도 모자라 언덕길 옆 숲속 빈터에 가까스로 주차하기도 한다. 그러다 갑자기 어떤 사람에게 급한 일이 생기면 방송을 해서 차주인들이 차례차례 차를 빼야 하는데 아무리 방송을 해도 주인이 나오지 않아 유리창을 망치로 깬 원주 스님도 있었다.

음식, 화장실, 세면, 잠자리 등이 열악한 산사에서 수백 명의 대중이 땀 흘리며, 육체적 고통을 감내하고, 서로 부대끼면서 마치 군대에 다시 간 것처럼 생활한다. 같이 아비라기도를 한다는 것 자체가 보통 인연이 아니다. 성철스님께서도 싸리작대기 하나는 힘이 없지만 여러 개 모이면 잘 부러지지 않는다 하시며, 도반이 모여서 정진하면 그 힘이 매우 크다 하셨다. "무슨 일의 성과가 없다고 초조해할 것이 못 된다. 인과의 통장에 저축하고 있는 셈이니까. 먼지 한 알도 결코 사라지지 않는 곳이 이 세상이니까."라고 하셨다. 또 "만사가 인과의 법칙을 벗어나는 일은 하나도 없어 무슨 결과든지 그 원인에 정비례한다."고 하셨다.

백련암의 아비라기도에 400~500명 정도 오면 그 중 남자는 70~80 혹은 100여 명 정도였다. 아비라기도 3박 4일은 항상 평일이 포함되어 있어 직장에 다니는 사람들은 특별휴가를 받지 않고는 참가하기 힘들다. 평일이 낀 아비라기도 기간 중에도 꼬박꼬박 오는 처사님들 중에는 대단한 신심을 가진 분들이 많다. 1년 중 단 한 번의 연가를 아비라기도를 위해 사용하며 오시는 분, 가정형편이 어려워도 모든 것을 제쳐두고 오시는 분, 부모님의 사후를 위해 거동이 불편한 부모님을 겨우겨우 모시고 오시는 분 등등…

그러나 절에 항상 신심 좋은 신도들만 다니지는 않듯이 10여년 전에는 꼴사나운 광경들도 많이 있었다. 그 당시 처사들 중에는 직장 없이 먹고 노는 사람들, 스스로 도인입네 하고 다니는 사람들, 전국을 돌아다니며 도에 대해 들어서 온갖 이론만 다 아는 사람 등도 있었다. 그런 처사들은 경제적 능력도 시원찮고 폼만 재는 사람들이 대부분이었다. 반면에 여자 신도들 중에는 부유한 사람들도 많이 있었다. 보시도 그 처사들이 기껏 몇 만원 낼 때 여자들은 몇 백을 내기도 했다. 기도도 여자들은 확실한 신념을 가지고 치밀하게 하는데 그 처사들 중에는 대충하는 사람들도 있었다. 돈, 기도, 신심 등에서 여자들에게 그분들이 비교가 되지 않았다. 단 그분들이 큰 소리치는 장소가 딱 한군데 있었으니, 화장실이었다. 여자 300~400명 남자 100여 명에 화장실은 남녀 꼭 같이 5~6군데밖에 없었다. 식사 후 볼일을 볼 때 남자들은 여유롭게 화장실을 사용하는데 여자들은 줄을 서서 동동 뛰었다. 그러다 참지 못하고 남자 화장실로 올라치면, "어디 보살이 처사 화장실로 오고…"라며 남자들은 호통을 쳤다. 그러면 여자는 또 배를 부여잡고 동동 뛰어가며 돌아가곤 했다. 그 모습을 보고 낄낄 웃는 남자들도 있었다.

여자 보살들의 여러 가지 면에서의 우월성을 잘 알던 처사일수록 더 못되고 앙칼지게 일갈을 했다. 물론 이제는 남녀 공용으로 사용할 때도 있지만 그런 시절도 있었다. 어쨌든 아비라기도는 아무리 예쁜 여자도 밥 먹고 볼일 보는 것을 보면 인간의 몸이 얼마나 불결하고, 헛된 욕정의 환상인지를 깨달을 수 있는 기회가 되기도 한다.

자칭 도인들에 직업도 없는 남자들이 모이다 보니 자기들끼리 세력을 형성했다. 좋은 방, 좋은 자리를 다 차지하고 기도 운영도

자기들 마음대로 했다. 그러니 그 세력에 못 들어간 일반 사람들은 손해를 보고, "이곳이 성철스님의 법을 펴는 전당인가?" 갈등하기도 했다. 그 집단의 최고 우두머리는 마치 대단한 법사, 도인같은 대우를 받았다. 그러한 사실을 원택스님이 알게 되었어도 한꺼번에 쉽사리 그들을 쫓아낼 수 없었다. 그들 세력을 와해시키는 데 상당한 시간이 걸렸다. 그 일 때문에 복호거사와 영암거사가 오랫동안 신경을 쓰고 수고를 했다.

자칭 그 도인 남자들은 기도 중 담배를 피기도 했다. 물론 기도 중 담배는 절대금지다. 그런데 성철스님이 허락을 했다는 것이다. 예전에 절에 오는 사람들이 대부분 아줌마, 할머니들이어서, 남자들이 오면 반기고 약간의 특혜를 주기는 했는데 그렇다고 담배까지 허락했는지는 알 수 없었다. 그런데 "성철스님이 하라캤다 카더라" 그러면 다 통용되는 것이었다. 원통전 뒷산에 올라가면 빨래 너는 곳 위에 담배피기 좋은 곳이 있었다. 그곳에 몇몇 자칭 도인들이 올라가서 아비라기도 틈틈이 담배를 피곤 했다.

현재는 그런 분들이 오지 않고 점잖은 분들이 많이 와서 지극한 신심으로 기도를 하지만 중생들이 모인 집단은 잠깐 방심하는 순간 불순한 세력들에게 점거될 수 있다.

# 첫째 날

첫날은 새벽 3시부터 300배를 하고 아침 식사 때까지 쉬었다가 사시맞이 때까지 또 쉬고 사시맞이를 올리고 바로 기도를 시작한다. 그때부터 5파트를 해야 한다. 따라서 첫날이 가장 힘들다. 둘째, 셋째 날은 비록 8파트이기는 하지만 일어나자마자 잠이 덜 깬 상태에서 비몽사몽 간에 두 파트를 하고, 아침 식사를 하고 두 파트를 하여 오전에 벌써 4파트를 하고 나면, 오후에는 느긋하게 4파트만 하면 된다. 물론 하면 할수록 몸도 피곤해지고 무릎도 더 아프고 초보자들은 공포감까지 더 하여 더 힘들게 된다. 그러나 많이 해본 사람은 고통의 정도와 시간을 알기에 훨씬 느긋할 수 있다. 기도가 숙달될수록 새벽에도 비몽사몽간이 아닌 또렷한 정신으로 기도를 해야 한다.

첫날 새벽 2시에 일어나면, 집에서라면 한참 잘 시간이라 머리가 띵하고 몸도 찌뿌듯하고 멍하다. 그런 상태에서 절을 하니 느낌이 안 좋은 찝찝한 땀이 난다. 평소에 씻고 어루만져주고 화장품도 발라주던 얼굴이 금방 땀범벅이 된다. 그렇다! 소중한 내 얼굴도 결국 기름덩어리에 불과하다. 사회에서 고기, 곱창, 생선, 채소 등 온갖 것을 지나치게 먹어 과식하고 운동은 하지 않으니 몸의 기능이 나쁜 것이 금방 드러난다. 사회에서 탐욕을 부린 만큼 뱃살이 붙고 몸무게가 불어 무릎과 허리 등을 더 아프게 한다. 눈은 맛있는 것만 보면 먹고 싶은 탐욕을 일으킨다. 밑의 배가 이미 꽉 찼는데도 입과 혀는 계속 욕심을 부려 음식을 밑으로 보낸다. 그러면 뱃살, 몸무게가 늘어날 수밖에 없는 것이다.

기도가 시작되고 한참동안 고통을 참고 전전긍긍하며 진언을 외웠건만 시계를 보면 시간이 겨우 5분 내지 6분밖에 지나지 않았을 때의 막막함과 허탈감은 경험해보지 않으면 모른다. 무릎이 마치 불덩어리가 된 것처럼 쓰리고, 아리고, 콕콕 쑤신다. 그럴수록 두 손을 모은 채 꼿꼿이 몸을 세우면 마치 두 무릎이 천길 낭떠러지 절벽 위에 서 있는 것 같다. 밑에서는 운무가 올라오고 써늘한 바람이 불고 조금만 아차하면 깊은 골짜기로 떨어질 것 같은 공포가 느껴진다. 그렇다고 주저앉을 수도, 포기할 수도 없다. 그야말로 사방이 꽉 막힌 막다른 골목 속의 절박한 위험이다.

아비라기도가 가장 힘들 때는 30분 중 5~6분 정도 남았을 때이다. 온 몸에 고통이 최고조에 도달하고 금방이라도 쓰러질 것 같으니 온갖 악을 쓰며 소리를 더 지른다. 비오듯 땀을 흘리며. 불칼같은 고통에 전율하기도 한다. 기도에 숙달이 되면 전혀 미동도 하지 않고 화두도 들고 진언을 외우는 사람도 있다.

30분 장궤합장이 끝나고 몸을 움직이려 해도 무릎은 깨질 듯이 아프고 허리는 금방이라도 똑 부러질 것 같다. 움직이면 마치 몸이 부서지는 것처럼 아프다. 두 손을 땅바닥에 놓는데도 무릎이 깨지는 듯한 고통을 느낀다. 겨우 손을 땅에 대고 일어서려 할 때 무릎에서 뿌드득 소리가 나면 마치 무릎이 조각이 나는 것 같아 엄청난 공포심이 엄습한다. 그런데도 겨우 일어서서 억지로 3배를 하고 나면 거짓말같이 고통이 사라지고 무릎에 이상도 없다. 그것이 기도의 신비로운 점이다. 현실적인 상식으로는 이해가 안 가는 일들이 일어난다. 그렇게 무릎을 많이 사용하고 무리가 가게 했는데도 절 3배를 하고 나면 씻은 듯이 고통이 사라지고 이상도 없다. 우리 몸은 가냘픈 것 같으면서도 엄청난 잠재력을 지니고 있다.

성철스님께서는 "도를 닦는 데는 '간절하다'는 이 한마디만 알면 옛 스님들의 경지에 이르지 못한다고 근심할 필요 없고, 생사문제를 해결하지 못한다고 걱정하지 않아도 된다."고 하셨다. 또한 "가

숨에 영원한 진리를 위해 일체를 희생한다."는 쇠말뚝 하나를 박아 놓고 사셨다. 그 말처럼 스님은 모든 것을 희생하고 어느 것에도 걸리지 않은 채 오직 진리만을 위하여 초연하게 사셨다. 성철스님은 부처님은 이 세상을 구원하러 오신 것이 아니요, 이 세상이 본래 구원되어 있음을 가르쳐 주려고 오셨는데 사람들은 구원의 길로 가지 않고 타락의 길로 스스로 가면서 "괴롭다 괴롭다"를 외치고 세상을 원망하고 인간을 비판한다고 질타하셨다.

첫째 날 사회에서 찌들은 몸으로 새벽에 300배 하고 사시맞이, 기도 5파트를 하면 몸이 금방 녹초가 된다. 무릎은 너무 많이 구부리고 펴다 보니 무릎의 살이 빨갛게 변하고 피도 살짝 배어나오고 흐늘흐늘하다. 허리도 너무 구부리다 보니 옆구리가 아프다. 팔도 오래 들고 있다 보니 팔 안쪽 근육이 아프다. 목은 고래고래 고함을 질러 쉬어버렸고 목 안쪽이 따갑다. 머리끝에서 발끝까지 몸 어느 곳 안 아픈 데가 없는 것처럼 삭신이 욱신거린다. 내 몸이 내 몸이 아니다. 그런데 이렇게 몸이 아파도 머리는 그렇게 맑을 수가 없다. 몸과 마음이 이렇게 다를 수가 있을까? 몸이 만신창이가 되어 밤에 잘 때 엄청나게 큰 소리로 코를 고는 사람도 있고, 그 사람을 피해 베개를 들고 이리저리 자리를 옮기다 제대로 잠을 못 이루는 사람도 있다.

## 둘째 날

      둘째 날 새벽, 피곤함에도 불구하고 긴장 때문에 일찍 잠이 깨어 세수를 한다. 그러나 생각만큼 피곤하지는 않다. 이상하다. 집에서는 10시간을 자도 피곤한데, 이곳에서는 2~3시간을 자도 상쾌하고 깔끔하다.

  세면을 마치고 전기청소기를 돌리고 걸레로 미는 사람, 법당을 닦는 사람, 신발 정리하는 사람 등등 자원하여 일을 맡아 한다. 사회에서 망가진 몸으로 기도를 하고 잠을 잔 다음 날 일어나면 입에 텁텁하고 쓴 담즙이 고여 있다. 뿐만아니라 여러 번 침을 뱉어도 그 담즙은 입 안에서 완전히 사라지지 않고 남아 있다. 그만큼 몸이 고단하다는 뜻이리라. 기도가 시작되어 108배를 비몽사몽간에 하고 법신진언이 시작되었다.

옴 아비라 훔 캄 스바하, 옴 아비라 훔 캄 스바하
옴 아비라 훔 캄 스바하…

이번에는 옆구리가 아프다. 마치 날카로운 칼로 찌르는 것처럼 등 옆구리가 아프다. 옆구리! 옆구리 하니 갑자기 선영이 생각이 났다. 선영이네는 부자였다. 넓은 마당이 있는 큰 기와집이 두 채 있었다. 논밭이 많고 일하는 머슴도 있었다. 추수가 끝나고 나면 엿을 해먹었다. 쌀이 귀하던 시절 엿을 해 먹는다는 것은 상당한 부를 상징하는 것이었다. 조청을 고아서 방에서 엿을 만들 때의 광경은 장관이었다. 판에 밀가루를 묻히고 엿을 길게 늘이고 탁탁 깨는 작업자체가 어린이에게는 환상이었다. 선영이는 그런 부잣집에서 자랐다. 그런데 선영이가 고등학교를 졸업하고 나더니 연애를 했다. 요새야 연애하는 게 아무것도 아니지만 그때는 숫처녀가 연애를 한다는 것은 정말 드문 일이었고 있을 수 없는 일이었다. 그 뒤 사람들은 선영이를 '연애쟁이'라고 말했다. 어린이에게 '연애라는 게 남녀 간에 무언가 요상한거'라는 감은 들었는데 무엇인지 정확하게는 알 수 없는 그 묘한 무엇이었다. 어쨌든 그 이상한 연애를 했다는 것이다. 고등학교를 갓 졸업한 처녀가 감히….

선영이의 남편 될 사람은 이마가 반듯하고 넓고 이목구비가 뚜렷하며 잘생긴 사람이었다. 선영이가 사람 하나는 잘 고른 것이었다. 그런데 그 남편 집은 정말 가난해서 결혼 비용은 물론 옷 하나 살 돈도 없었다. 그래서 모든 비용을 선영이네 집에서 대고 결혼을 했다. 남편은 그야말로 몸만 온 것이다.

선영이는 결혼 후 우리 동네에 살았다. 어느 날 선영이네 집에 갔다. 그 날은 공휴일이었는데도 남편은 학교 갈 준비를 하고 있었다. "오늘이 공휴일이라 학교 갈 필요가 없다."고 하자 처음에는 놀라다가 확인을 하고는 주저앉았다. 그때 방 한가운데는 담요가 쳐져 있었다. 한쪽에서는 선영이가 아기와 자고 있고 한쪽에는 책상이 놓여 있었다. 그곳에서 남편이 대망의 고시공부를 하는 것이었다. 그때 흔했던 빨간 비닐 끈(그것도 촌스러운 빨강)이 방을 가로지르고 있었는데 담요의 무게 때문에 가운데가 축 처져 있었다. 그 축 처진 모습이 더 정감이 있었다. 그 방에서 도시락을 남편과 나누어 먹었다. 그때 도시락에는 볶은 멸치, 김치가 다였다. 그것이 당시 선생님의 도시락이었다. 선영이는 그때 과일장사로 생계를 도왔다. 선영이가 과일 다라이를 이고 치마를 옆으로 치켜 올려 맸다. 그런데 어느 날 갑자기 가족을 위해서, 남편을 위해서, 과일을 팔기 위해 치켜 올린 선영이의 치마가 멋있고 성스럽게 느껴졌다. 그 이유는 지금도 모른다. 치마를 착 치켜 올린 옆구리! 그곳에 무언가 알 수 없는 신비하고 멋있고 신선한 무엇이 있었다. 남편과 자식들을 위해 팔을 걷어부치고 치마를 치켜올린 어머니, 아내의 신성한 무엇이 거기에 있었다. 나는 그 날 선영이의 옆구리에서 이루 말할 수 없는 신선한 아름다움을 느꼈다. 그 이유는 지금도 모른다. 그 옆구리, 치마, 선영이의 진지함, 아기를 내려다보는 눈길! 그 모든 것이 성스럽고 아름다웠다. 그 당시 진짜 초코렛처럼 만든 어설픈 초코렛 과자가 5원인가 얼마했다. 선영이는 과자를 하나 사서 아끼며 천천히 맛있게 먹었다. 그것 하나를 주며 "○○야, 돈 벌면 이 과자 많이 사줄게."라고 말할 때의 선영이가 정말 너무나 아름답고 소탈하고 인정있어 보였다.

그런데 선영이의 남편이 고시 패스를 하고 판사가 되고 또 변호사가 되니 사람이 바뀌었다. 당시만 해도 변호사만 되면 법조계에서 3년은 밀어준다고 했다. 소위 말하는 전관예우였다. 그 안에 10억 못 벌면 바보다라는 말이 돌았다. 돈이 벌리자 선영이가 예전과 전혀 다르게 변했다. 목소리가 커지고 행동이 더 거칠어지고 얼굴인상도 바뀌었다. 선영이의 남편 역시도 달라졌다. 소박하고 진지하던 고시생에서 으시대고 과시적인 인물로 변했다. 돈이 없었을 때는 자기 가진 모든 것이라도 줄 것처럼 너그러웠던 사람이 돈이 많이 생기니 더 인색하고 매정해졌다. 그 옛날 소박한 선영이와 그 남편은 어디로 갔을까?

옆구리 통증이 증가하다가 이제는 좀 줄어들었다. '옴 아비라 훔 캄 스바하' 통증도 계속 변화한다. 안 변하는 것은 이 세상에 하나도 없다. 내 옆구리! 선영이 옆구리! 나도 변하고… 선영이도 변하고… 그런데 어떻게 변하느냐가 문제이지! 똑 같은 물을 먹고 우유를 만들래? 독을 만들래?

기도 중 몸이 안 좋으니 방귀가 수시로 나오고 배에서 꼬르륵 소리가 나고 수시로 화장실에 가는 등 몸의 불결함을 일깨워준다. 그러나 한 파트 한 파트하며 몸의 노폐물을 **빼**내고 진언에 집중하며 정신도 맑게 하며 심신을 청정하게 만들어간다. 한 3파트만 끝나도 벌써 배설이 훨씬 더 잘 되고 몸이 가볍게 느껴지기 시작한다. 머리 속도 훨씬 시원해지고 가볍다.

기도 중에는 무릎은 깨질 듯이 아프고 허리는 금방이라도 부러질 것 같고 목도 쉬어 아프고 팔도 오래 들고 있어 얼얼한 상태에서도 별의별 생각이 다 지나간다. 그 고통의 순간에 심지어 에로틱한 이미지가 떠오른다. 몸의 각 부분 부분이 다른 욕망, 다른 고통으로 헐떡이면 몸과 마음이 얼마나 모순적이고 골치덩어리인지 드러난다. 아침에 일어나면 앞쪽에서는 꼬르륵거리며 배가 고픈데, 뒷쪽에서는 화장실에 가고 비우고 싶어한다. 채워야 하고 비워야 하는 욕망이 동시에 일어난다. 그 외중에 남자들이 강하다는 아침의 성욕도 일어난다. 이런 몸의 욕구를 다 맞추어 주려니 인생이 고달

픈 것이다. 성철스님께서 "우리가 업 있는 채로 보면 똥물 바가지다. 그 똥물 바가지도 많이 닦으면 새 바가지가 되어 물을 담아먹을 수 있다."고 하셨다.

아비라기도 중 머리, 이마, 얼굴에서 땀이 비오듯이 쏟아져 눈도 못 뜰 지경이고 온몸에 열이 펄펄 나서 불덩이 같을 때 한 줄기 바람이 스윽 지나가면 그 청량감이란 이루 말할 수 없다. 문제는 한여름에 땀을 무더기로 흘리고 찬물을 많이 마시면 먹는 입과 목은 시원할지 모르지만 몸에는 안 좋다는 것이다. 그래서 원통전 뒤에 큰 가마솥을 얹고 물을 끓였다. 보리를 넣고 끓인 물은 구수했다. 그런데 퍼 먹기만 하고 물을 보충하지 않으면 뒷사람들이 먹을 물이 없었다. 자칭 도인들이 세력을 잡고 있을 때는 자기 편들은 가만

있고 다른 사람들만 물을 퍼오게 했다.

기도를 하다보면 좋은 자리 차지하려고, 좀 부딪쳤다고, 몸을 건드렸다고 등등 여러 가지 사건들 때문에 사람들이 싸우기도 한다. 기도 때에는 서로 예민해져서 조그만 자극에도 발끈하고 반응을 하기도 한다. 심한 경우에는 주먹다짐이나 육탄 공격이 벌어진다.

성철스님께서는 "자기의 과오만 항상 반성하여 고쳐 나가고, 다른 사람의 시비는 절대로 말하지 않아야 한다."고 하셨다. "참 불공이란 가난한 이를 몰래 돕고, 나보다 못한 이들에게 고개를 숙이는 것이다. 원망하는 원수까지도 부처님처럼 섬기는 것이 참 불공인 것이다."라고 말씀하셨다. 원수를 미워해도 자기 몸과 마음만 핍박해지고 상대방은 아무런 피해를 입지 않는다. 따라서 예수님께서 '원수를 사랑하라' 하신 것은 자기 건강을 위해서도 슬기롭게 실천해야 함을 강조하신 것이리라. 성철스님 역시 "모든 사람을 부처님처럼 섬기라. 그것이 참 불공이다."라고 하셨다. 그러나 그 말을 실천하는 것이 어디 그리 쉬운가? 그래도 시도는 해봐야 한다.

둘째 날 기도가 끝나고 이불을 받고 자리를 정한다. 내일을 준비하며 마음을 가다듬는다. 벌써 몸은 만신창이가 되어 내 몸이 내 몸이 아니다. 앞으로 해야 할 기도가 보통 걱정이 아니다. 기도를 끝내고 취침시간이 되어 자리에 누우면 하루 동안의 피로 때문에 금방 곯아 떨어져야 하는데 잠이 오지 않는다. 오히려 머리는 그지없

이 맑고 몸도 별로 피곤하지 않다. 낮동안의 진언 암송이 뇌에 상당한 영향을 준 것이다. 약간의 피로감이 느껴지면서도 머리와 정신은 그렇게 맑을 수가 없다. 마치 명경에 달이 비친 것 같다. 몸은 분명히 피곤할 텐데 이렇게 정신이 또렷하고 맑을 수가 있을까? 마치 강한 카페인에 각성된 것 같기도 하다. 자리에서 일어나 밖으로 나가니 밝은 달이 휘영청 떠 있다. 백련암에서 보는 달은 신비하고 경이롭다. 특히 아비라기도를 하면서 보는 달은 더 그렇다. 달빛이 훨씬 농염하게 느껴지고 강한 정기가 느껴진다. 자야지, 내일을 위해서 자야지. 다시 돌아와 자리에 누웠지만 역시 잠은 잘 오지 않는다. 한참 뒤척이다 잠이 든다.

# 셋째 날

드디어 셋째 날 첫 파트가 시작되었다. 잠이 덜 깬 상태에서 반쯤 잠들어 기도를 한다. 그래도 기도는 기도다. 108배를 하니 안 그래도 찌뿌듯한 몸에서 진땀이 난다. 절을 마치고 드디어 장궤합장한 채 진언을 외운다.

옴 아비라 훔 캄 스바하
옴 아비라 훔 캄 스바하, 옴 아비라 훔 캄 스바하
옴 아비라 훔 캄 스바하, 옴 아비라 훔 캄 스바하…

어떤 때는 무릎이 화닥화닥 뜨겁고 쓰리고, 아리거나 뼈가 몇 조각으로 갈라진 것처럼 엄청나게 아프고, 이러다 정말 무릎 쪼개지는 게 아닌가? 걱정이 된다. 불처럼 뜨겁고 무릎이 절단나는 것 같다.

옴 아비라 훔 캄 스바하, 옴 아비라 훔 캄 스바하
옴 아비라 훔 캄 스바하, 옴 아비라 훔 캄 스바하…

어떤 때는 허리가 엄청나게 아프고, 너무 가늘게 느껴지며 똑 부러질 것 같기도 했다. 그 아픔이 너무 심해 식은 땀이 나고 몸을 덜덜 떨었다. 무릎이 화닥화닥한 열기, 따가움, 콕콕 찌르는 것 같은 통증, 조각조각 부서진 것 같은 느낌 등등으로 통증의 집합소 같다. 어떤 때는 왼쪽 가슴이 쥐어짜듯이 아프다. 그 통증을 관찰하면 통증이 엄청나게 커졌다가 줄어들었다 커졌다 한 다음 사라져 버렸다.

목을 너무 쓰다 보니 쉰 것은 말할 것도 없고 침이 마르고 목이 마르다. 그 상태가 계속되면 목이 쓰리고 아프다.

생텍쥐페리 비행기가 사막에 추락했을 때 생텍쥐페리는 며칠 동안 물을 못 마시고 절대적인 갈증을 경험한다. 그때 입이 마르고 입술이 바싹바싹 타고 목이 졸리는 것 같으면서 따가울 때의 경험을 『인간의 대지』에 서술했다. 사막의 대상들이 그를 구해주자, 물 바가지에 코를 처박고 물을 마실 때의 느낌은 경험하지 않은 사람은 알 수 없는 것이다. 후일 어떤 강연회에서 생텍쥐페리가 그 이야기

를 얼마나 생생하게 했는지 강연이 끝나자 그 방에 있던 사람 모두 물을 찾으며 물을 마시러 갔다고 한다. 『어린왕자』도 그때의 사막 경험을 토대로 집필된 작품이다.

  진주 경상대학교의 윤정배 교수는 아비라기도를 처음 하며 세숫대야를 받쳐놓으면 물이 고일 정도로 땀을 흘리며 고통으로 덜덜 떨며 기도를 했다. 그 처절한 고통 속에서 생각한 것은 어머니였다고 한다. 평생 자식들을 위해 기도하며 살았던 어머니의 아픔이 어떠했을까? 단 한번의 아비라기도로 깨달을 수 있었다고 한다. 윤정배 교수는 자신의 고통, 어머니에 대한 죄송함 등으로 눈물, 콧물을 흘리며 기도를 했다.

진주 제일여고의 정이영 선생님은 아비라기도를 마치고 산회가를 부르는 순간, 부처님! 성철스님! 인간의 한계 등을 생각하며 울음을 터트렸다. 그 후 집에서도 일과를 계속하고 아비라기도를 계속하며 참선정진에 몰입하고 있다.

둘째 날이 끝나고 셋째 날 새벽에 일어나 2파트를 하고 나면 그때부터 비탈길을 내려가는 것처럼 기도가 저절로 된다. 물론 초보자들은 피로가 누적되어 더 괴로울 수도 있다. 그러나 기도를 많이 한 사람들에게 셋째 날부터는 시간이 그냥 간다.

기도 횟수가 쌓일수록 처음 온 사람들이 점점 더 기력이 쇠해지고 땀을 비오듯이 흘린다. 포기하려는 사람도 생긴다. 그때마다 옆의 도반들이 할 수 있다고 격려를 한다. 기도 시작을 알리는 죽비 소리가 딱 하고 소리를 낸다.

옴 아비라 훔 캄 스바하, 옴 아비라 훔 캄 스바하
옴 아비라 훔 캄 스바하, 옴 아비라 훔 캄 스바하…

아비라기도가 진행될수록 몸 안의 노폐물은 제거되고 화장실에 가도 금방 배설이 되어 시원한 느낌이 든다. 아침에 뱃속의 더부룩한 것들을 말끔히 비웠을 때의 경쾌함과 시원함은 사회에서 느끼기 힘든 것이다. 내장에 끼어있던 온갖 노폐물과 불순물도 백련암에서 먹는 식이섬유 풍부한 음식으로 깨끗이 제거되어 뱃속이 가볍고 뱃살도 훨씬 얇아지는 느낌이다. 그러면 장궤합장 때 무릎을 누르는 무게도 줄어들어 훨씬 쉽게 할 수 있다. 아비라기도를 하면 식이 맑아져서 아주 예전에 까마득하게 잊어버린 사소한 일도 생생하게 기억이 난다. 그 기억이 너무 세부적으로 상세하게 되살아나서 깜짝 놀라기도 한다.

기도를 여러 파트하고 심신이 세정되면 입에 좋은 기운이 감돈다. 기분이 좋으니 진언도 더 잘 된다. 온 몸에서 향기가 날 때도 있다. 이때의 몸은 정말 육체로 된 몸보다는 훨씬 더 높은 단계인 것 같다. 이렇듯이 똑같은 몸도 어떻게 운용하느냐에 따라 저급한 살덩어리에서 고상한 주체가 될 수도 있는 것이다.

식사를 하고 기도를 하다보면 금방 먹은 음식이 생각나기도 한다. 좀 전에 먹은 콩나물! 참기름이 자르르 흐르는 콩나물의 고소한 맛이 생각난다. 참기름…

거창에서 추수를 할 때였다. 학교에서 돌아와서 마루에 누웠다. 두꺼운 나무로 만든 오래된 마루는 결이 거칠어서 잘못하면 손을 다칠 수도 있었다. 그 마루에 누우면 밑에서 시원한 기운이 올라온다. 누웠다가 일어나서 들판을 바라보니 적당하게 따뜻한 기운이 들판을 꽉 메우고 있었다. 들판의 볏짚에서 풍겨오는 포근하고 그 윽한 냄새, 음식이 담긴 다라이가 있었고 사람들이 볏짚단을 깔고 앉아 있었다. 마치 한 폭의 인상파 그림 같았다. 할머니를 따라 들 판으로 갔다. 청국장, 콩나물이 있었다. 그날따라 하얀 콩나물 줄 기에 자르르 흐르듯이 묻어 있는 황금빛 참기름이 어찌 그리 짙노 란 색으로 예쁘던지… 마치 이 세상 음식이 아닌 것 같았다. 들판 에는 논, 볏짚단에 앉은 사람들이 있었는데 그 황금빛 광경을 보자 갑자기 숨이 턱 막혔다. 풍경은 숨막힐 듯이 정지되어 있고 사람들 도 그 속에서 꼼짝하지 않는 것 같았다. 마치 이효석의 『메밀꽃 필 무렵』에서 하얀 메밀꽃이 가득 핀 메밀밭을 지나가며 담배를 피어 자줏빛 연기가 흩날릴 때 숨이 턱 막히는 정면처럼… 그 날 청국장 과 참기름은 마치 신의 음식처럼 신성하고 고귀했다.

산사에서 청명한 공기 속에 맑은 물로 된장이나 청국장을 끓이 면 냄새가 환상적일 때가 있다. 특히 점심공양 무렵 모르는 절에 갔 을 때 풍기는 청국장 냄새… 주지 스님을 몰라서 차마 밥 좀 먹자고 할 수도 없고, 청국장이나 된장 냄새가 기가 막힐 때가 있다.

옴 아비라 훔 캄 스바하, 옴 아비라 훔 캄 스바하
옴 아비라 훔 캄 스바하, 옴 아비라 훔 캄 스바하…

기도는 진행되고 있다.

저 앞에 처사는 땀이 T-셔츠에 흠뻑 젖어 물이 줄줄 흘러내리고 있다. 세숫대야를 갖다놓으면 금방 상당한 물이 고일 것 같다. 몸이 괴로워서 손을 흔들고 몸이 흔들리고 있다. 애처로워서 대신해 주고 싶기도 하다. 그러나 아비라기도도 운명처럼 다른 사람이 대신해 줄 수 없다. 또 아비라기도는 인생과 같다. 어떤 때는 엄청 쉽게 잘 되다가, 어떤 때는 엄청 힘들고… 아픈 데도 없고 너무 쉬울 때는 지겹고 시간이 안 간다. 세상사도 마찬가지일 것이다 가질 것을 모두 가지고 나면 오히려 더 재미없고 무료할지도 모른다.

옴 아비라 훔 캄 스바하, 옴 아비라 훔 캄 스바하…

한 파트가 끝났다. 문을 열어젖히면 시원한 바람이 쏴아 들어온다. 화장실 갈 사람은 가고 쉴 사람은 쉬고, 초코렛, 사탕 등을 먹는 사람도 있다. 쉬는 시간이 길면 그 사이에 아픈 사람들 침을 놔 주기도 한다. 또 청간수를 끓여 맛있는 차를 먹기도 한다. 기도 중 먹는 음식 중 가장 맛있는 것은 한여름 땀을 흠뻑 흘리고 났을 때 먹는 수박 한 조각이다. 그때 한 입 베어 먹는 수박맛은 무엇으로도 표현할 수가 없다. 여름에는 그 큰 수박도 한 4분의 1쯤 한숨에 다 먹을 것 같다. 기도 중 계속해서 먹는 게 생각나는 것을 보면 식탐이란 게 얼마나 끈질기고 무서운 것인지를 알 수 있다. 이 식탐이 성욕하고도 관계가 있다. 배가 고프면 미인도 뒷전이다. 그러나 배가 부르고 나면 다른 욕심이 스르르 올라온다. 인간의 욕망이란 이렇게 무서운 것이다. 여름에 수박을 많이 싣고 와도 언제 없어졌는지 흔적도 없다.

또 기도가 시작되었다. 딱! 하면서 죽비 치는 소리가 나고 옴 아비라 훔 캄스바하 소리가 음악처럼 파도처럼 흐른다. 쉬는 시간에 찹쌀떡 공양이 있었다. 그 찹쌀떡 맛이 입 안에 조금 남아 있다.

찹쌀떠억! 어릴 때 골목에서 놀 때 하얀 모찌를 얻어먹었다. 그 맛이 쫄깃쫄깃하고 좋아서 사먹으려고 해도 돈이 없었다. 그래서 돈이 생기면 저 하얀 모찌를 실컷 사먹으리라고 다짐을 했었다. 그런데 막상 어른이 되어 호주머니에 돈을 두둑히 넣고 모찌를 먹었더니 1개, 2개, 3개 먹고 더 이상 맛도 줄어들고 먹을 수가 없었다. 가지기 전에는 무한정 먹을 수 있을 것 같았는데 막상 가질 수 있게 되니 그 효용이 줄어들었다. 세상 모든 것이 그렇다. 가지기 전에는 엄청나게 좋아 보이고 환상에 젖게 된다. 미스 월드하고 살아도 처음에 좋지, 화장실 가는 것, 하품하는 것, 방귀뀌는 것까지 다 보면 더 이상 환상이 아니고 앞에 있는 그저 그런 현실일 뿐이다.

# 식탐

사람들은 육체가 괴로우면 그 고통을 벗어날 생각에 다른 생각을 할 겨를이 없다. 또 무엇인가 부족하면 그것을 채우려는 욕망만 무섭게 일어난다. 그 순간은 당장 고통에서 벗어나고 부족한 것만 채우면 아주 행복할 것 같다. 그러나 그 모든 것들이 충족되고 나면 만족감도 잠시, 또 다른 것을 끊임없이 추구하는 것이 인간이다.

기도할 때는 금방 배가 고파진다. 진언을 독송하는 와중에도 배가 고플 때는 온갖 맛있는 것들이 머리를 스쳐간다. 맛있는 음식의 형상, 그 맛 때문에 침이 꼴깍 넘어간다. 더운 여름날 빗물처럼 흘러내리는 땀 속에 진언을 외우다 보면 시원한 것만 생각이 난다. 백련암에서 먹은 동치미! 백련암 눈 덮인 화단에 묻어둔 장독에서 꺼 낸 동치미! 아삭아삭한 무! 쫄깃쫄깃한 무우 줄기, 시원한 국물 맛 이 생생하게 느껴지고 그 국물 생각에 침이 꼴딱꼴딱 넘어가고 마 치고 나면 어서 그 국물을 먹고 싶다. 한번은 자다가 그 국물 맛이 생각나 부엌에 들어가서 냉장고 문을 열고 먹고 온 적도 있었다.

무더울 때 마시는 백련암 마당의 시원한 청간수의 맛은 특별했 다. 그 물의 시원함, 목을 넘어갈 때의 느낌, 그 맛! 그런데 프랑스 로 유학 갔을 때 그곳의 물맛은 밍밍했다. 우리 물 같은 청량감이 없었다. 식당에서 스테이크를 처음 먹을 땐 좋았다. 칼과 포크를 들고 마치 영화에서 보던 것처럼 폼을 재고 먹었다. 그런데 그것을 한 달간 계속 먹고 나니 식당만 봐도 신물이 났다. 샐러드를 먹어도 한국 채소처럼 상큼하지 않았다. 그 뒤에 먹는 요구르트도 닝닝했 다. 스테이크, 샐러드, 요구르트 모두 느끼한 것뿐이니 밤에 자다 김치, 된장 먹는 꿈을 꿨다.

옴 아비라 훔 캄 스바하, 옴 아비라 훔 캄 스바하
옴 아비라 훔 캄 스바하, 옴 아비라 훔 캄 스바하…

진언을 계속 외우면 입의 침이 마르고 입술도 마른다. 시간이 갈 수록 입이 바싹바싹 타고 시원한 물 생각만 난다. 오로지 목을 넘어가는 청량한 음료수 생각만 난다. 물만 마시면 세상에 더 바랄 것이 없고 살 것 같다. 그러나 막상 물을 마시면 첫 모금만 꿀맛 같을 뿐 갈수록 그 효용이 떨어진다. 그러다 어느 지점에 오면 아무런 맛도 없고 오히려 역겹고 심지어 고통만 증가한다. 따라서 모든 것은 조건에 의해 이루어진다는 것을 알 수 있다. 물이 부족할 때는 입이 마르고 물맛이 꿀맛이지만 어느 정도 만족하고 나면 그때부터는 쓸데없는 물체이다.

예쁜 미인의 입술이 따로 있는 것이 아니다. 그러한 조건이 갖추어지면 예쁜 입술이 되는 것이다. 미인의 얼굴도 사고를 당하면 일그러진다. 그렇게 추녀가 되었다고 다른 사람이 아니다. 위대한 행동을 하기에 위인이 된 것이지 가만히 있는데 위인이 되지는 않는다. 위인도 악행을 하면 나락으로 떨어진다. 따라서 모든 것이 인과관계로 이루어진 것이지 결정론적으로 정해진 것이 아니다.

사르트르의 실존주의에서도 인간은 행위의 결정체라고 했다. 즉 인간이 하는 생각과 행동에 의해서 그 인간의 속성이 형성되는 것이지 본래부터 정해진 것이 아니라는 뜻이다. 따라서 불교이

론과 실존주의 이론을 비교한 연구도 많이 있다. 기도 중의 고통도 계속 오는 것이 아니다. 고통도 변화한다. 그 변화를 보고 무상(無常), 고(苦), 무아(無我)를 깨달아야 한다.

옴 아비라 훔 캄 스바하, 옴 아비라 훔 캄 스바하
옴 아비라 훔 캄 스바하, 옴 아비라 훔 캄 스바하…

아비라기도 중 300~400여 명을 먹이려면 솥에 밥을 하는 게 아니라 군대처럼 판을 겹겹이 쌓아놓고 찐다. 반찬 만드는 것도 대규모 공장 수준이다. 그런데 아비라기도 중 식사를 하면 먹으면 무엇이든지 맛있다. 백련암 간장에 고추 약간 썰어놓은 것만 떠먹어도 맛있다. 그 간장만으로도 밥을 먹을 수 있을 만큼 그 간장은 맛이 있고 맛 외에 특이한 기운도 느껴진다. 음식, 백련암의 맑은 물, 보살들의 정성 외에 기도인들의 정기가 합쳐져 묘한 맛을 만들어낸다. 참기름이 자르르 흐르는 콩나물, 된장국, 두부, 김 등만 있어도 밥 한 그릇 뚝딱이다.

옴 아비라 훔 캄 스바하, 옴 아비라 훔 캄 스바하
옴 아비라 훔 캄 스바하, 옴 아비라 훔 캄 스바하…

'옴 아비라 훔 캄 스바하' 진언을 외우며 고개를 돌리다 벽에 붙여놓은 금박 글자가 눈에 들어왔다. 황금색, 노란색, 노란 참기름… 아마 4~5살 때였을 것이다. 강원도 어느 지역, 늦가을 아니면 초겨울의 으스스한 날씨 속에 아이는 동네를 어슬렁거리고 있었다. 날씨는 으스스한데 배는 꼬르륵거리고 입은 심심하고 무언가 섭섭하고 아쉬울 때 엿장수의 가위소리가 들렸다. 골목을 어슬렁거리고 있던 꼬마의 입에는 달콤한 침이 고이기 시작했다. 부리나케 집으로 달려가서 쳐다보아도 엿과 바꿀 물건이 보이지 않았다. 집이라고 해야 단칸방에 세 들어 사는데 한 번 둘러보는데 긴 시간이 걸리지도 않았다. 부엌을 뒤지다가 부뚜막 위 선반 위의 참기름 병이 눈에 들어왔다. 그 병에는 참기름이 밑에 약간 깔려 있었다. 지금으로서는 별 것도 아닌 양이었지만 그 당시는 참기름 한 방울도 아껴먹는 시대였다.

엿장수 가위 소리를 들으며 그 참기름 병을 보다가 아래 부뚜막을 보기를 몇 번을 거듭했다. 그러는 사이 가위 소리는 점점 멀어지고 엿의 단맛은 입 안에서 점점 더 생생해져 가기 시작하자 아이는 갑자기 그 참기름이 미워졌다. 저 적은 양의 참기름만 없었어도 단

숨에 저 병과 엿을 바꾸어먹으련만… 저 쬐그만 참기름 때문에 엿을 못 먹는다고 생각하니 증오심이 점점 더 심해졌다. "저 망할 놈의 참기름… 저것만 없었어도…" 4~5살짜리 아이의 마음에 참기름은 그때 무생물이 아니었다. 엿 먹는 것을 방해하는 방해꾼에 불과하였다.

그 참기름 병을 엿과 바꾸어 먹으면 어떤 처벌을 받는다는 것을 잘 알면서도 그 순간의 유혹을 이기지 못했다. 참기름 병을 확 채서 마치 무협영화에서처럼 쏜살같이 바람처럼 골목을 가로 질러가서 엿을 샀다. 달콤하기 그지없는 엿을 물고 천천히 걸어서 가다 엄마가 빨래를 두드리고 있는 곳으로 갔다. 그때 어머니는 치마에 풀을 해서 다른 집 마루에서 방망이질을 하고 있었다. 대문이 있고 마당이 있는 제법 큰 집이었다. "그 엿 어디서 샀니?" "밧데리 아저씨가 사줬어." 밧데리 아저씨는 옆에 살던 밧데리를 고치던 아저씨였다. 그러나 그 거짓말이 얼마나 통하랴. 그 날 아이는 엄청나게 야단을 맞았다. 그 적은 참기름 때문에… 그 날이 일생 처음으로 참기름을 미워했던 날이었다. 그 미워한 업보는 대단했다. 엄청난 꾸지람으로 다가왔다. 그 놈의 참기름!

나이 50이 넘어서 우연히 이 이야기를 어머니하고 나누게 되었는데 놀랍게도 어머니는 그때 일을 정확하게 기억하고 있었다. 더욱이 나보다 더 상세한 부분까지 기억하고 있었다. 다른 일은 금방 잊어버리고 정신이 없으신 어머니께서… 그곳은 강원도 웅천이었고, 그때 어머니는 치마에 풀을 먹이고 옆집에 가서 다듬이질을 하고 있었다고 한다. 돈이 없어서 참기름 병으로 엿을 바꾸어먹은 것을 보고 어머니도 나중에는 마음이 아팠다고 했다.

∽∽

또 한 파트가 시작되었다. 무릎 살이 점점 빨갛게 변하고 흐늘흐늘해지고 생채기가 생겼다. 무릎 살이 물러터지고 찢어져 덜렁덜렁한다. 살이 다 떨어지는 것도 아니고 약간 붙어서 덜렁덜렁할 때 제일 난감하고 아프다. 확 다 떼어버릴 수도 없다. 피가 조금씩 나기 시작한다. 조금만 건드려도 화닥화닥하다. 목도 아프고 칼칼하다. 팔도 아파서 합장하고 있기도 쉽지 않다. 온 몸이 아프다. 그래도 달리 어떻게 할 도리가 없다. 그야말로 막다른 골목이다. 그래서 절박해질 수밖에 없다. 처절하게 매달려야 근본에 가까이 갈 수 있다.

옴 아비라 훔 캄 스바하, 옴 아비라 훔 캄 스바하
옴 아비라 훔 캄 스바하, 옴 아비라 훔 캄 스바하…

이 아픈 와중에 또 옛날 생각이 난다. 초등학교 3학년 때였다. 그때는 학생 수는 많고 교실은 작아서 2부제 수업을 했다. 오후에 학교에 가는 날이라 어정어정하고 있는데 엄마가 풀을 끓이라고 했다. 풀을 끓이면 계속해서 저어야 눌어붙지 않는다. 풀이 되어 가면 표면에 거품이 일어나기 시작한다. 그 거품과 풀이 익는 상큼한 냄새를 맡는 순간 안 그래도 출출하던 뱃속이 반응을 했다. 갑자기 빵이 먹고 싶어졌다. 약간 타고 딱딱하고 구수한 빵이나 말랑말랑한 찐빵이 먹고 싶었다. 학교 급식으로 주던 껍질이 까맣게 탄 옥수수 빵은 먹으면 구수한 냄새를 풍겼다.

그런데 약간 끓기 시작하는 풀에 설탕만 넣으면 빵 비슷한 것이 될 것 같았다. 부리나케 부엌으로 뛰어가서 설탕을 담아놓은 그릇을 가져왔다. 그때만 해도 설탕이 귀하고 비싸던 시절이었다. 설탕을 끓는 풀에 넣고 맛을 보았다. 별로 달지가 않았다. 또 조금 더 넣어보았다. 계속 더 넣다 보니 설탕 한 사발이 다 들어갔다. 그제서야 제법 달았다. 풀이 달 정도이니 얼마나 많은 설탕이 들어갔겠는가? 그러나 풀이 달아봤자 풀이지 빵은 아니었다. 그래도 아까운 생각에 퍼먹고 또 퍼먹고 해도 제법 많이 남았다.

드디어 어머니가 오셨다. 방에 들어가서 풀로 벽지를 바르는데 풀의 질감이 이상해서 맛을 보았다. 그때 난 이미 신발을 양손에 들고 가방을 메고 튈 준비를 하고 있었다. 풀 맛을 본 어머니가 내 이름을 부르자마자 나는 신발을 들고 뛰어나갔다. 학교에 가서 수업을 했다, 그때처럼 수업시간이 고맙고 오래 지속되기를 고대한 적이 없었다. 그래도 결국 수업이 끝났다. 나는 이제 설탕 한 사발을 풀에다 다 부은 집으로 돌아가야 한다. 그런데 어떻게 쉽사리 돌아갈 수가 있는가? 어머어마한 범죄를 저질렀는데… 설탕이 귀하던 시절에 설탕 한 사발을 없앴으니 엄청난 후환이 기다릴 것이라는 두려움에 집에 가는 것이 겁났다.

학교를 마치고 과외수업하는 곳으로 가서 과외수업을 받았다. 과외수업 내용도 정말 잘 들어오고 이해도 잘 되고 수업이 오래 계속되기를 바랐다. 모든 한국 학생이 그렇다면 아마 오바마가 연설에서 한국을 칭찬하는 게 아니라 한국에 직접 찾아올 것이다. 교육에 대해 한 수, 두 수, 세 수… 배우겠다고…

결국 과외수업도 끝났다. 집에 가야되는데 집에 가면 혼이 날게 불보듯 뻔하여 난 그냥 학생들이 가고 난 빈 책상 사이에 누웠다. '에라 모르겠다. 어쨌든 내가 만든 풀빵은 먹었으니 벌을 받아도 할 수 없지.'라고 생각하고 있었다. 드디어 가야할 시간이 다가오는

데 아래쪽에서 왁작지껄한 소리가 들려왔다. 집에서 아이가 귀가를 하지 않으니까 아버지가 과외수업 하는 데까지 찾으러 오신 것이었다. 그것도 커다란 식빵을 사가지고 오셨다. 그날 저녁은 혼나는 대신 베개처럼 커다란 식빵을 안고 잠이 들었다. 구수한 빵 냄새에 아름다운 저녁이었다.

# 신기한 구름

또 죽비 소리가 났다. 진언에 집중하며 열심히 기도를 한다. 옴 아비라 훔 캄 스바하… 또 내가 어린 시절의 망상에 빠졌었다.

옴 아비라 훔 캄 스바하, 옴 아비라 훔 캄 스바하
옴 아비라 훔 캄 스바하, 옴 아비라 훔 캄 스바하…

기도가 잘 될 때는 시간이 금방 지나간다. 몸도 아프지 않다. 끝나는 죽비 소리가 났다. 쉬는 시간이다. 이 시간 동안 사람들은 용변을 보고 차를 타서 사람들에게 나누어 주기도 한다. 아비라기도가 잘 되거나 사람들의 기운이 잘 집합되어 400여 명 사람들의 진언과 기운이 하늘로 올라가면, 그 정기 때문인지 가끔씩 신기한 현상들이 펼쳐진다. 파란 하늘에 거의 같은 크기의 삼각형 구름 세 개가 일정한 간격으로 떠 있는 것을 본 적도 있다. 마치 파란 하늘에 하얀 구름을 그려놓은 것 같았다. 아니 그려도 그렇게 정확하게 그리긴 힘들 것 같았다. 아비라기도를 한 파트 마치고 하늘의 그런 구름을 바라보면 마치 그곳이 지상이 아닌 천상의 어떤 곳 같다는 느낌도 들었다.

노벨상 수상작가인 헤르만 헤세는 구름을 너무나 좋아하여 구름 그림을 수없이 그렸다. 구름이 동물처럼 다가오니 나무가 호쾌하게 웃는 것 같은 광경도 있다. 그 구름 그림에 그의 맑은 영혼과 예술혼이 담겨져 있다. 헤세는 불교에 심취하여 『싯다르타』라는 소설까지 썼다. 그는 검소하고 근검한 생활로 마치 구도자처럼 살다가 세상을 떠났다.

태양을 정면으로 보기는 힘들다. 그런데 아비라기도를 마치고 정면으로 본 적이 있다. 수많은 황금빛 햇살들이 나오고 사라지고,

나오고 사라지고 하는 게 보였다. 우리는 태양빛이 계속 비추고 있다고 생각한다. 사실은 빛이 나오고 사라지고 또 새 빛이 나오고 사라지는 하나의 불덩어리라는 것이 잘 보였다. 기도를 하고 집중해서 관찰력이 늘면 주변의 자연이 새롭게 보인다. '아' 소리를 지르면 '아' 소리가 계속 이어지는 것 같지만 소리도 중간중간에 마디마디가 있다. 우리의 동작도 이어진 것 같지만 중간중간 마디가 있다.

아난존자는 침대에 누우려다가 깨달았다고 한다. 우리가 팔을 뻗고 몸을 움직이고 차를 마시고 등등 일상생활에 진리가 숨어 있는데 우리가 그것을 못 보고 있는 것이다. 아비라기도를 하다보면 식이 맑아져서 아주 어린 시절, 아주 옛날 일들도 생생하게 기억나기도 한다. 그럴 때 기억 회상하는 데 빠져서 진언이나 화두를 놓치면 안 된다.

둘째, 셋째 날 오후 두 파트를 마쳤을 때 과일, 과자, 떡 등의 간식이 주어진다. 더울 때 땀을 흠뻑 흘리고 나면 물이 뚝뚝 떨어지는 수박에 코를 박고 무한정 먹을 것 같다. 그러나 그것도 잠시이고 수박 맛도 변화한다. 처음 베어 먹는 수박 맛이 황홀경이라 할 만큼 맛있다면, 그 다음 맛은 좀 삭감되고 점점 맛이 덜하여 어느 순간 아무 맛도 없고, 그 이후부터는 수박 먹는 것이 물고문 같은 고통으로 변한다. 어떤 좋은 감각도 항상 좋은 것이 아니다. 항상 변화한다. 어쨌든 오후 두 파트 끝나고 간식을 먹고 나면 없던 힘이 또 생겨나 기도를 시작한다.

옴 아비라 훔 캄 스바하, 옴 아비라 훔 캄 스바하
옴 아비라 훔 캄 스바하, 옴 아비라 훔 캄 스바하…

몸의 노폐물도 많이 제거되고 땀을 흘려 몸도 가벼워지고 나면 가슴에서 기쁨이 솟아오르고 입 안에 향기가 그윽하고 진언을 외울 때마다 한 송이 연꽃을 던지는 것 같다.

옴 아비라 훔 캄 스바하… 옴 아비라 훔 캄 스바하…
옴 아비라 훔 캄 스바하…

또 아주 어린 시절이 불현듯 살아난다. 거창에 기와집이 있었다. 그 집 안에 바깥채와 본채를 가르는 흙 담이 하나 있었는데, 그 담은 황토와 돌로 되어 있었다. 어느 화창한 날이었다. 황금빛 햇살로 온 천지가 빛나고 있어 숨이 막힐 지경일 때, 그 돌 사이 노오란 황토에서 파란 싹이 하나 솟아나 있었다. 그 자그마한 싹이 가녀린 손

같기도 하고 꽃 같기도 했다. 그런데 그 싹을 보는 순간 배 밑바닥에서 가슴까지 얼마나 무궁무진한 환희심과 행복감이 솟아나는지 마치 내 몸이 터질 것 같았다. 나는 왜 그 조그마한 싹이 그러한 경이감을 불러 일으켰는지 모른다. 그런데 그 날 나는 온 천지가 내 것 같았고 무언가 꽉 찬, 뿌듯하고 행복한 느낌이었다. 그때 4~5살쯤 되었을까? 나는 세상의 아름다움을 그 조그만 풀 하나로 느꼈다.

옴 아비라 훔 캄 스바하, 옴 아비라 훔 캄 스바하
옴 아비라 훔 캄 스바하, 옴 아비라 훔 캄 스바하…

입에는 좋은 입맛이 돌고 코에는 향기가 느껴진다. 몸도 아주 가볍고 순풍에 돛배 가듯이 소리가 흘러간다. 의식도 흘러간다. 이 힘든 기도를 하는 중에 이렇게 안락하고 기분 좋은 때도 있다. 그러나 거기에 안주하면 안 된다. 그때도 진언에 집중하며 깨어 있어야 한다. 참선할 때도 마찬가지이다. 집중이 잘되고 삼매에 깊이 들고 행복한 기분이 솟아오르면 뛸 듯이 기뻐하며 그것이 깨달음의 신호인 줄 안다. 그때도 그 행복감에 머무르며 빠져서는 안 된다. 화두에 철두철미하게 집중하고 확철대오할 때까지 밀어붙여야 한다. 그래서 꿈속에서도 화두가 성성하고 잠이 꽉 들어서도 화두가 훤하게 살아 있어야 비로소 오매일여의 경지인 것이다.

# 마지막 날

마지막 날은 일어나서 기도 두 파트를 하고, 아침 식사하고 마지막 한 파트만 하면 끝난다. 마지막 한 파트는 그냥 지나가는 것처럼 쉬울 것 같아도 그렇지 않다. 3일 동안 만신창이가 된 몸에, 정신은 맑고 마음은 그윽하지만 온 몸 아픈 곳은 역시 아프다. 그래도 마지막인데 하며 깡으로 하는 것이다. 이 마지막 한 파트에 온 정성을 기울여 성심성의껏 해야 한다.

옴 아비라 훔 캄 스바하, 옴 아비라 훔 캄 스바하
옴 아비라 훔 캄 스바하, 옴 아비라 훔 캄 스바하…

마지막 한 파트를 끝낼 때의 느낌은 해보지 않은 사람은 알 수 없는 오묘한 신비의 세계이다. 그토록 아프던 통증도 사라지고, 죽 끓듯 일어나던 망상도 사라지고 오로지 법신진언에 몰두하여 일심을 이루며 깊이 정진하여, 육체가 전혀 안 느껴지고 오로지 법신진언 소리만 남으면, "아! 물질로 된 인간이 이토록 정신적인 존재, 초월적인 존재로도 될 수가 있구나." 하는 자신감이 느껴진다.

통증과 몸도 없어지고 망상과 마음도 없어지고 드디어 법신진언도 없어지는 단계에 도달하면? 그러면서도 "법신진언도 없어졌네!" 하는 알아차림이 있다면? 있는 것도 아니고 없는 것도 아닌 진공묘유(眞空妙有)가 그런 것이 아닐까?

마음이 그지없이 평안하고 그윽하다. 아무 것도 부족한 것이 없고 한없이 가벼우면서도 충만하다. 마음 깊은 곳에서 환희심과 자신감이 샘물처럼 솟아나고 저절로 미소가 지어지고 얼굴의 웃음은 원을 그리며 번져간다. 이런 기도를 계속하며 정진하면 욕심에 가득 차 있던 똥자루가 황금덩어리로 변하는 것이다. 본래 황금 덩어리인데 우리 스스로 온갖 오물을 발라놓고 그것을 좋다고 더 가지려하다 뜻대로 안되면 "괴롭다. 괴롭다" 하면서 살고 있는 것이다.

기도를 마치고 나오는 보살들의 눈은 부리부리하고, 남자처럼 팔을 휘저으며 힘차게 걸어 나온다. 그 걸음걸이, 당당함, 법복에서 풍기는 기운 등이 여자 같지 않고 흡사 기개충만한 무사 같다.

그 이유는 보살들에게 극도의 고통을 감내한 사람에게서 오는 자신감과 위엄이 서려 있기 때문이다. 아무리 비싸고 좋은 화장품을 사용해도 아비라기도를 통하여 땀을 흘리고 난 뒤의 피부를 따라올 수는 없다. 기도를 마치고 나오는 여인들의 피부는 도화빛이고 아기 피부처럼 뽀송뽀송하다. 50대, 60대, 70대의 보살들도 거룩하고 아름답게 보인다. 그 아름다움은 세속적인 것이 아니라 격조높고 고차원적인 아름다움이다.

3박 4일 동안의 기도가 끝나면 그 많은 사람에게 또 밥을 주기는 힘들어, 떡 하나, 귤 하나 혹은 주먹밥을 비니루봉지에 넣어 하나씩 준다. 또 방석을 내다 털고 방을 청소하고 또 식당에서 밥을 먹을 사람은 먹고 간다. 갑자기 300~400명의 사람들이 한꺼번에 짐 싸랴, 신발 챙기랴, 차에 짐 실으랴, 차가 겹겹이 주차되어, 앞차 뒷차 엉키고 빵빵거리고 소리 지르고 온갖 소동을 다 피운다. 이런 엉망진창을 보며 성철스님께서는 "저것들 기도한 거 다 까먹고 간다."라며 혀끝을 차셨다.

기도로 정화되었던 심신에 또다시 세속적인 욕망이 붙은 것이다. 그러니 참선하고 일어날 때 수행한 그 경지를 간직하며 천천히 일어나듯이, 4일 동안의 기도를 끝냈으면 남보다 좀 늦게 가더라도 여유롭게 기도한 마음을 간직한 채 가야 한다. 그 보배를 왜 조금 빨리 가려는 생각때문에 흐트리려 하는가?

## 5장

### 절하며 기도명상

하심, 참회, 공경의 마음으로 하는 절은 업장을 녹여준다.
절은 신체의 많은 부분을 움직이게 하여 하체와 심폐기능을 강화시키고,
체지방을 감소시키고, 몸의 기혈순환이 잘 되게 한다.

# 아비라기도와 화두

아비라기도를 하는 중 그 고통 속에서도 온갖 망상이 다 지나간다. 그러나 진실된 마음으로 진언에 집중하면 망상은 점점 줄어들고 완전히 사라질 수도 있다. 통증도 기도중 아픈 무릎이나 허리에 신경 쓰지 않고, 진언에 집중을 하면 별로 아프지 않다. 그런데 보통 사람들은 겁이 나서 아픈 부위에 신경을 안 쓸 수 없다. 마치 신경을 쓰지 않으면 그곳이 당장 어떻게 될 것처럼 말이다. 고통을 억지로 참고 버티기보다는 지옥 같은 고통을 자기와 분리하여 객관적으로 가만히 관조할 수 있으면, 행복이든 고통이든 다 거품이나 이슬 같은 것이라고 볼 수 있다.

옛날 어떤 사람은 자기 목을 스스로 베며 통증을 관찰하여 죽는 순간 아라한이 되었다는 말도 있다. 그러나 그러한 경지가 쉽게 오는 것은 아니지만 그렇게 될 수 있어야 아비라기도의 본질을 이해한 것이다.

　무조건 고생하고 통증참기 기도라면 그것은 별 가치가 없는 것이다. 평소에 화두를 들고 보는 것이 익어 있으면 아비라기도 기간에 일어나는 고통을 화두를 들고 보는 것과 같이 관조하게 되어, 화두를 들고 보는 공부나 팔, 다리, 무릎, 허리의 고통의 근원을 찾으며 관조하는 공부가 두 가지가 아니다. 고통이 심해지면 심할수록 이 고통은 어디에서 나는가? 무릎에서 나는가? 무릎 어디에서 나는가? 어떤 종류의 고통인가? 쑤시는가? 아리는가? 저리는가? 아픔도 종류가 있다. 우리는 통증이 너무 심하면 울부짖으며 그 통증을 제대로 보지 않고 비통해 하기만 한다. 즉 피하거나 다른 마음에 의존하여 고통을 잊는 것이 아니고, 그런 고통을 세세히 관찰하면 그 종류가 여러 가지이다. 아리고, 쑤시고, 저리고, 얼얼하고 등등 또 계속 아픈 것이 아니라 통증의 가닥이 일어나고 사라지고를 연속적으로 반복한다. 즉 계속해서 고통스러운 것이 아닌데도 인간들은 통증이 심해지면 그것을 직시하지 못하고 울부짖거나 소리만 지른다. 고통에 안절부절 못하는 '나', 그 와중에도 온 천지로 떠돌아다니는 마음! 그 고통의 순간에도 마음은 정처 없이 돌아다니고 있는 것이다. 그 마음을 고정시키는 것이 법신진언의 집중이다. 그러나 그 집중력이 약해지면 마음은 또 달아나버린다. 자기 마음도 제대로 관리 못하는 것이다. 따라서 자기 마음이라 부르지만 사실 자기 마음도 아니다. 자기가 통제도 못하니 말이다. 그러나 관찰하는 '나'가 또렷하고 강력하다면 내가 주인이 되는 것이다.

화두를 들고 보듯이, 일어나고 없어지는 통증과 기도소리 등등을 반복해서 관조하면, 화두를 들고 보는 공부와 아비라기도가 다른 것이 아니다. 편한 상태에서 평소에 하는 공부는 집중력이 떨어지지만, 극한적인 아픔과 고통을 관조하는 아비라기도는 그 집중력이 상상을 초월해서 대충 몇 달을 매달려 하는 공부와는 차원이 다르다. 따라서 극도의 고통이 와도 "죽으면 죽지"라는 마음으로 하지 않으면 그 고통을 이기기 힘들다. 그 죽을 것 같은 고통을 이기고 나면 말할 수 없는 자신감이 생기고 새로운 원력이 솟아난다. 그러한 절박함과 처절함 속에서 정진을 해야 진리의 궁극에 도달한다. 고차원적인 사람은 진언을 외우며 화두에 집중한다. 아비라기도가 화두를 들고 보는 공부와 서로 상통함을 알아 기도와 참선을 동시에 하는 것이다.

화두도 옛날 조사 스님들은 제자에게 맞는 활구로써 공부를 지도했지만 이 시대에는 위대한 스승을 만나기도 쉽지 않고 활구로 지도받기도 쉽지 않다. 부처님의 위대한 점은 누구를 만나도 그 사람 근기에 맞는 지도를 했다는 점이다. 대장간에서 풀무질을 하는 사람에게는 숨을 관찰하는 수식관을 권했고, 빨래하는 사람에게는 부정관을 권했다. 불길에 공기를 불어넣는 풀무질이나 호흡이 유사하니 그 사람은 일을 하면서도 얼마든지 마음공부를 할 수 있었고, 항상 더러운 때만 씻는 빨래하는 사람에게 부정관은 자기 바로 눈앞에서 벌어지는 현상을 가지고 하는 마음공부니 얼마나 쉬웠겠는가? 이런 것이 진정한 활구라고 할 수 있지 자기가 진정으로 처절하게 느끼지도 못하는 화두로 공부하는 것은 쉬운 일이 아니다. 진정한 활구는 발끝에서 머리끝까지 강렬한 의심이 저절로 나게 하는 것이다. 억지로 화두타파를 시도하거나 무작정 심신을 밀어붙인다고 견성하는 것이 아니다. 화두 참구나 법신진언 암송이나 자연스럽게 일심으로 전념하여야 한다.

## 신비한 체험

아비라기도 중 집중이 잘되면 여러 가지 신기한 현상이 일어난다. 목소리만 남고 몸이 없어지기도 하고, 몸이 붕 뜨는 것 같기도 하고, 몸무게가 거의 느껴지지 않거나 혹은 깃털처럼 가볍기도 하다. 어떤 때는 오색영롱한 무지개가 보이기도 하고 온 몸에서 향기가 나기도 한다.

한번은 아비라기도를 끝내고 법당 밖으로 나왔을 때 짙은 황금빛 방광이 고심원 건물, 석탑 주위를 반사하며 움직이고 있었다. 처음에는 그것이 착시이거나 단순한 빛의 반사인 줄 알았는데 옆의 사람들도 그 빛을 보고 소리쳐서 보통 빛이 아니라는 것을 깨달았다. 아비라기도를 끝내고 육신이 엄청나게 가벼워지고, 법신진언으로 정신이 영묘한 가운데서 그러한 빛을 보니 더욱 신령스러웠다.

미국의 소아과 도대현 원장님은 아비라기도 중 3번이나 쓰러지며 기도를 하던 중 색즉시공 공즉시색의 경지를 체험했다고 한다. 어떤 보살님은 무릎, 다리, 입 등 온 몸에서 큰 뱀, 작은 뱀, 중간 뱀 등 온갖 종류의 뱀이 빠져나가는 듯한 느낌을 받았고, 그 후 모든 일이 잘 풀렸다는 것이다. 대구의 자비심 보살님은 아비라기도 중 5분 정도 남았을 때 후불탱화 3곳에서 번쩍번쩍 방광이 일어나고 오색영롱한 빛이 탱화 전체를 감쌌다고 한다.

그러나 이러한 현상을 신기하게 생각하고 거기에 너무 집착해서는 안 된다. 그 모든 것이 중간 중간 일어나는 현상일 뿐이다. 그것이 깨달음의 실체이거나 도의 궁극은 아니다. 그래도 보통 사람들은 그러한 신기한 현상이 또 나타나기를 기대한다. 중요한 것은 몸과 마음이 지극히 청정한 상태에서 깊은 삼매에 들어가고 그 상태에서 진정한 깨달음을 얻는 것이다. 항상 깨어 있으며 관찰할 수 있으면 일체시일체처에 참구가 가능하며, 떨치려 해도 떨칠 수 없이 오히려 더 거세게 달라붙는다. 오로지 화두 하나만 들고 보게 되고 화두 끝의 극미세망념을 보게 되면 만상이 공함을 증하며, 다시 확 뒤집어 돌아보면 지금까지 나라고 여기던 것이 거품이고 이슬이라는 것을 알게 된다고 한다.

모든 선사들의 공통적인 면모는 한결같이 선사들이 자기들의 아상을 다 버리고 무심으로 진리를 찾기 위하여 헌신하였다는 것이다. 세속인들도 세상일을 하며 선사들처럼 심혈을 다 쏟아붓는다. 그러나 속인들과 선사들의 큰 차이는 아상의 존재여부이다. 속인들은 자기 아상을 굳건히 지니면서 삶을 살아가고 있는 데 비하여, 선사들은 아상을 완전히 버리고 삶을 살았다는 것이다.

참선은 무아의 길을 걷지 않으면 안 된다는 것이 영가대사의 가르침이다. 참선은 치열하게 일념에 집중하는 것이지만, 가장 핵심으로 참선은 아상이 다 지워진 상태로 삶을 살아간다. "조계의 길을 증득하고 나서부터는 생사가 서로 상관하지 않음을 분명히 깨달았도다. 걸어 다녀도 참선이요, 앉아도 참선이니, 어묵동정(語默動靜)에 본체가 편안함이라." 영가대사는 조계의 육조혜능조사를 뵙고 나서부터는 깨달음의 진수를 맛보고 참선의 본체와 함께 고요해지면서 생사에 얽매이지 않았다고 했다.

참선으로 일념에 집중하는 것과 세상일에 몰입하는 것의 차이는 마음의 바깥에 있는 세상을 소유하려는 것과 마음 내부에서 일어나는 가장 절실한 의심의 존재와 한 덩어리를 이루는 것이다. 마음의 일념이 그 의심과 한 덩어리를 이루었을 때 화두가 타파된다고 한다.

참선은 의심하는 마음이 의심을 대상으로 삼는 것이 아니라 의심하는 마음 내부에서 마음 자체를 산산이 파괴하면서 깨달은 마음으로 전변하여 나타난다고 한다. 의심하는 마음과 깨달은 마음이 어느덧 하나로 어우러지면서 마음은 더없이 고요하고 평온해진다. 그리하여 오나가나, 눕거나 앉거나, 말을 하거나 안 하거나 간에 물속에 밝은 달이 비치듯이 화두가 성성하면 동정일여의 단계이다. 그 후 다시 공부에 박차를 가하여 꿈속에서도 화두가 성성하면 몽중일여이고 이 단계에 이른 분을 7지보살이라 한다. 이 단계에서 6의식이 없어진다. 여기서 더 나아가 잠이 꽉 들어 무의식 상태에서도 화두가 훤하게 밝으면 오매일여이다. 이 단계에서 '나'라는 집착과 생각의 제7말나식이 없어진다.

그 오매일여에서 안과 밖이 훤하게 통달한 구경묘각의 경지까지 가야 한다. 깊이 잠들어 화두가 들리지 않으면 죽은 뒤에는 다시 캄캄해진다는 말이다. 숙면에 들어서도 밝음과 어둠을 초월한 절대 광명의 세계에 들어가야 생사를 뛰어넘은 대자유인이 되는 것이다. 이 단계에 이른 분을 8지보살 이상, 자재위(自在位)라고 한다. 이 자재위에 두 가지 단계가 있는데 숙면에서 일여하여도 제8아뢰아식이 있는 자재보살이고, 경계상(境界相)이 없어진 9지보살이다. 그 위가 능견상(能見相)이 없어진 10지보살이고, 미세망념인 업상까지 없어진 무심상태를 견성, 구경각, 묘각(妙覺), 무상정각이라 하고 그 수준에 오른 분을 부처님, 여래위(如來位)라 한다.

이것을 유식학의 입장에서 다시 설명하면 우리의 오염된 식은 초지보살 때부터 서서히 바뀌기 시작하여 제7지보살, 8지보살 때

제6식과 제7식 말나식은 지혜로 바뀌고, 제8식과 전5식은 오직 견성할 때 지혜로 바뀐다고 한다. 심의식(心義識) 모두가 지혜로 바뀌는 순간이 돈오돈수라 한다.

   10지보살은 어두운 밤에 물체를 보는 것 같고, 여래는 대낮에 보는 것 같다. 불성은 여래만이 볼 수 있다고 한다. 10지보살까지는 무심경계가 아니므로 견성을 이룬 것이 아니고, 무념무심이 되면 대원경지를 성취하여 일체지가 현발(現發)하므로 완전한 깨달음이다.

   오매일여, 영겁불매, 금강불괴심(金剛不壞心)을 성취하여 부사의 해탈경계(不思議解脫境界)를 성취하면 윤회의 생사고가 완전히 해결된다. 이 경지는 말로써 설명할 수도 없고 전해줄 수도 없다. 오로지 본인의 노력과 체험으로만 가능한 것이다. 그래서 부처님께서는 평생 설법을 하고도 '나는 평생 한 마디 설법도 하지 않았다.'고 하신 것이다.

참선의 경지가 대원경지(大圓鏡智)에 이르렀음을 아는 방법은 영가대사의 말처럼 '창칼을 만나도 언제나 태연하고, 독약을 마셔도 전혀 동요가 없는 한가롭고 한가로운 경지'를 체득하는 일이다. 아비라기도는 참선을 위한 필수적이고 중요한 바탕이다. 그 고통의 순간에도 초연하게 삼매에 들어 화두를 타파하면 기도 중 득도할 수도 있다.

1993년 성철스님께서 열반하시고 난 뒤 해인사 퇴설당 위에 새 떼가 떼지어 날고 백련암 뒷산에는 7회의 방광이 있었다 한다. 1994년에도 백련암, 백련암 뒷산, 큰 절, 퇴설당, 장경각 판전 근처에서 방광이 일어났다.

옴 아비라 훔 캄 스바하, 옴 아비라 훔 캄 스바하
옴 아비라 훔 캄 스바하, 옴 아비라 훔 캄 스바하…

4일 동안의 아비라기도로 약간의 정신적인 체험을 맛보기만 해도 우리 인간의 정신 영역이 얼마나 무궁무진하고, 이 인간 세계 외에 훨씬 더 고차원적이고 영묘한 세계가 있다는 것이 느껴진다. 근

40여 년 동안 성철스님께서 나에게 직접적으로 한 말씀은 불과 몇 마디에 불과하지만 스님은 내 정신을 꿰뚫고 있었다. 평소에 한 마디도 안 하다가 꼭 필요한 순간에 몇 마디 하신 것이다. 평상시 특이한 도술을 보이거나 신기한 기적을 보이지는 않았지만, 우리 인간이 집착하는 그 어느 것에도 연연하지 않고 초연히 관찰하고 계셨던 것이다.

인간들이 별 것 아닌 것 때문에 광분하고 정말 중요한 것은 간과하며 사는 것을 보며 얼마나 안타깝고 갑갑했을까? 기도한답시고 절에 오는 신도들이 마음에 온갖 엄청난 욕심들을 지니고 복 많이 달라고 비는 것을 보면 얼마나 가증스러웠을까? 마음에는 온갖 욕심을 가지고 업장을 두텁게 하는 행동만 하면서 참선 공부를 하여 도인이 되겠다는 사람을 보았을 때는 또 어땠을까? 온갖 욕심과 업장으로 뒤범벅되어 있으면서도 자신을 고귀하다고만 생각하고 복만 달라는 사람들에게 무슨 말을 한들, 무슨 가르침을 준들 효과가 있었을까? 그러니 일단 삼천배부터 하라고 하신 것이다. 또 아비라 기도를 하라고 하신 것이다.

현대는 물질과 욕망의 세계이다. 문제는 자기 주변 세계에만 욕망을 느끼는 것이 아니라, 컴퓨터나 핸드폰의 인터넷을 통한 가상세계 대상들까지도 소유하려 하고 관계를 맺으려 하니 그 욕망들을 어떻게 다 충족시킬 것인가? 그러니 계속 갈애 속에 허덕이다가 귀중한 인생을 소진시키게 된다. 성철스님은 그러한 현상들을 빤히 보고 계셨던 것이다. 그래서 어떤 때는 신발을 벗어 등짝도 후려치고 고래고래 고함도 지르셨던 것이다. 생활이 단조롭고 재미난 오락이 별로 없던 시대에도 마음공부는 쉽지 않았다. 그런데 이러한 엉망진창의 세상에서 어떻게 일심(一心)으로 마음을 밝힐 것인가? 그 기본이 삼천배와 아비라기도이다.

일심이 되면 여러 가지 신비한 현상이 나타나고 진정한 공부의 길로 나아가게 된다. 동의대 강경구 교수는 법성게 첫 구절을 딱 읽자마자 법성게 전체 내용이 훤하게 몸으로 체득되어 하루 종일 법성게 내용과 온 몸이 일체가 된 적도 있다고 한다. 무심선원의 김태완 법사는 산책을 하던 어느 순간 갑자기 온 마음이 그지없이 편안하게 되는 깨달음을 맛보았다 한다.

# 기도 후의 마음 자세

　　　　　　성철스님은 우리가 인식하는 모든 것은 식의 조작인 표상(表象)에 불과하고, 중생이 현실과 실체라고 생각하는 것은 사실상 꿈이라, 하루바삐 견성하여 불성을 보아야 한다고 말씀하셨다. 모든 불경을 한마디로 요약하면 불생불멸(不生不滅), 중도(中道), 마음 심(心)이라 한다. 견성하면 부처 아닌 존재가 없고 불국토 아닌 곳이 없다. 참선정진을 통하여 의단을 타파하고 생사윤회를 벗어나야 한다. 불성, 진여자성을 깨치면 공허한 육신이 곧 법신이며, 번뇌에 덮인 심의식이 진여자성이라는 것을 알게 된다.

　하심, 참회, 공경의 마음으로 하는 절은 업장을 녹여준다. 절은 신체의 많은 부분을 움직이게 하여 하체와 심폐기능을 강화시키고,

체지방을 감소시키고, 몸의 기혈순환이 잘 되게 한다. 삼천배나 아비라기도 모두 수승한 정진 방법이다. 그러나 그 자체에 너무 매몰되어서는 안 된다. 삼천배, 아비라기도를 통하여 탐진치를 없애고 수행정진의 길, 참선의 길로 나아가 마음을 밝히고 깨쳐야지, 기도 그 자체에만 천착하며 "내가 몇 년 동안, 몇 회 했다"는 자만심에 빠져서, 자기보다 기도를 적게 한 사람들이나 처음 하는 초보자를 무시하면 큰 죄악이다.

또 아무리 몇 십 년 동안 아비라기도 수백 회를 했어도 욕심이나 자존심이 조금도 줄어들지 않았다면 그것은 진정한 기도를 했다고 볼 수 없다. 가장 중요한 것은 마음 바꾸는 것이고 마음의 크기나 여유가 더 장대해져야지 그렇지 않다면 고통 참아내는 극기 훈련 내지 체력증진 훈련밖에 되지 않는다.

그렇다. 마음 조금 바꾸는 것이 그렇게 어렵다. 몇십 년 수도 정진을 했어도 남이 자기에게 험담을 한다고 금방 발끈하고 분기가 솟구치면 진정으로 공부했다고 볼 수 없듯이 마음을 손톱만큼 바꾸는 것도 그리 어려운 일이다.

아비라기도는 오욕에 찌든 세속인들을 가장 최단기간에 정화시키고 수승하게 만드는 방법이라는 점에서 과학적이고 출중한 기도이다. 이 기도는 108배의 동적인 부드러운 움직임과 장궤합장의 정적인 자세로 인간을 대장간의 쇠 달구듯이 담금질하며 혼비백산하게 하여 다른 잡생각을 못하게 한상태에서 법신진언에 정신집중을 하게 하는 기도이다. 집중되어 그 맑게 된 심신에 마장이 끼어들지 않도록 능엄주로 감싸고, 회향게로 우주법계를 평온하게 만드는 우주의 기도이다. 이 기도에 온 몸과 마음을 바쳐 극도로 집중이 잘 되면 온갖 종류의 신기한 경험을 할 수도 있고 깨달음의 궁극에 까지 갈 수도 있다. 온갖 잡념이 죽끓듯 하는 범부중생에서 진여의 법신이 될 수도 있다. 우리 모두에게는 그런 가능성이 있다고 부처님께서 가르치셨다.

부처님을 믿고, 성철스님을 믿고 기도 정진에 전념하여 적멸의 기적을 이룹시다.

이 기도로 모든 중생들이 몸과 마음을 조복 받아 영원한 진리의 길로 가서 영원히 행복하기를!

옴 아비라 훔 캄 스바하!
옴 아비라 훔 캄 스바하!
옴 아비라 훔 캄 스바하!

# 직업을 구하는 젊은이들에게

현재 대한민국에서 좋은 직장을 찾는 것은 쉬운 일이 아니다. 직장을 구하기 위하여 아름다운 청춘을 다 바쳐 준비를 하고도 직장을 못 구하여 극단적인 선택을 하는 사람도 있다. 또 취업문제가 취업문제로만 끝나는 게 아니다. 취업이 안 되니 결혼도 못하고, 올바른 사회생활도 못하고, 존재이유를 상실하기도 하고, 인간으로서 긍지를 가지고 살기도 힘들다.

또 설사 취업이 되더라도 그 봉급을 받기 위하여 받는 스트레스와 중압감은 이루 말할 수 없다. 결혼을 하여 직장에 다니며 다 갖추고 사는 것 같아도 진정한 행복을 느끼며 살기 힘들다. 또 아기가 태어나면 그 아이에게 들어가는 사교육비가 이만저만이 아니다.

어른들의 생활은 뒷전이고 교육비에 거의 모든 돈이 들어간다. 경제가 안정이 안 되면 부부사이도 삐걱거리고 결혼생활도 힘들어진다. 또 돈이 조금 모여도 집 사기, 집 넓히기, 노후준비하기 등으로 여유 있는 생활을 하기가 쉽지 않다. 그러니 평생 준비만 하다가 진정 여유와 행복을 누리는 기간이 과연 얼마나 되는가 의문이 든다.

이러한 시대에 출가를 하게 되면 약간의 행자생활 기간만 지나면 스님이 되어 평생 공부만 하고 좋은 생각만 하고 살 수 있다. 일반인들이 부러워하는 공기 좋은 산사에서 무공해 채소를 먹고, 맑은 물 마시고 신선처럼 살 수 있다. 젊은 시절에는 여러 가지 유혹과 재미로 세상이 좋아보일지 모르지만, 나이가 들수록 또 세파에 시달릴수록 이렇게 평생 고생만 하고도 업장만 높아져서 죽는다면 인생이 무슨 의미가 있나?라는 생각이 든다.

성철스님은 새우 잡는 사람이 되지 말고 고래 잡는 사람이 되라 했다. 또 도둑놈이 되려면 큰 도둑놈이 되라 하셨다. '내 사업 잘되게', '자식 좋은 대학가게', '운수대통하게' 등등을 빌지 말고 이 우주를 도둑질하여 우주를 호흡하는 대자유인의 꿈을 꾸라 하셨다.

따라서 모는 세속적인 욕망을 버리고 진리의 길을 가는 종교인이 된다면 그보다 더 좋을 수가 없다. 꼭 불교의 스님이 되라는 말은 아니다. 다른 종교도 점점 젊은이들이 종교에 귀의하는 경우가 줄어든다고 한다. 재미 좋은 것이 너무 많은 이 세상이 아무리 좋아

보여도 시간이 되면 모든 것과 작별을 해야 한다. 따라서 영원한 행복을 추구하는 구도의 길을 닦는 것이 영원히 사는 길이다. 또 종교인이 되더라도 타 종교를 배척하고 자기 종교만 내세우는 그런 편협한 사람이 되어서는 안 된다.

모든 우주를 포용하고 모든 생명을 사랑하는 종교인이 어찌 인간이 만든 종교적 굴레에 갇혀서야 되겠는가? 저 푸른산 깊은 골짜기 혹은 복잡한 도시 속 작은 골목 어디에서도 영원을 갈구하는 멋진 존재가 되기를 바란다. 그리하여 모든 의혹과 번뇌를 떨쳐버리고 생사와 이해를 초월하여 모든 것을 천명에 맡길 수 있는 안정된 마음상태인 안심입명(安心立命)의 단계에 도달하기를 바란다.

# 부록

사찰의 구조와 예절

—

아비라기도 약해

# 사찰의 구조와 예절

## 【 산문(山門) 】

**일주문(一柱門)**

사찰로 들어서는 첫 문으로, 경내와 경외를 구분하는 문이다. 이 문 위에 ○○산 ○○사라는 산명과 사명을 밝히고 있으며, 기둥을 일렬로 세운 문이다. 이 일(一)이라는 개념은 불교의 진리를 단적으로 나타낸 것이다. 중생과 부처가 하나이며, 진(眞)과 속(俗)이 하나이며, 만법이 일심의 소현임을 나타내는 상징적인 문이다.

**천왕문(天王門)**

사천왕을 모신 문이다. 사천왕은 불법을 수호하고, 불법에 귀의하는 사람들을 수호하며, 사마(邪魔)를 방어하는 임무를 가진 호법천왕(護法天王)이다.

① 지국천왕(持國天王): 동쪽을 관장하며 비파를 튕기고 있다.
② 증장천왕(增長天王): 남쪽을 관장하며 왼손에는 칼을 쥐고, 오른손은 주먹을 쥔 채 허리에 대고 있다.
③ 광목천왕(廣目天王): 서쪽을 관장하며 오른손에는 용을 쥐고 왼손에는 여의주를 쥐고 있다.
④ 다문천왕(多聞天王): 북쪽을 관장하며 탑을 들고 있다.

※ 경우에 따라 사천왕이 지니고 있는 지물(持物)이 반드시 이와 같지 않은 점도 염두에 두어야 한다.

## 불이문(不二門)

진리는 둘이 아니라는 불이(不二)의 경지를 상징하는 문. 부처님과 중생이 둘이 아니며, 승과 속이 둘이 아니며, 생과 사가 둘이 아니며, 너와 내가 둘이 아니라는 가르침을 상징하는 문으로 이 문을 통과하며 불법의 깊은 진리를 깨달으라는 의미를 갖고 있다.

## 해탈문(解脫門)

해탈은 불교수행의 가장 큰 목표로서 모든 번뇌의 속박에서 벗어나 대자유를 얻는 것을 뜻한다. 그러므로 일주문을 거쳐 해탈문을 지나면서 해탈의 경지에 이르라는 불교수행의 과정과 이상을 건물의 안배를 통해서 상징적으로 설명해 주는 문이다.

### 금강문(金剛門)

사찰의 일주문 다음에 있는 문으로 사찰의 대문에 속한다. 인왕상이라고 불리는 두 명의 금강역사(金剛力士)가 지키고 있어 인왕문이라고도 불린다. 금강역사상은 불법을 방해하는 세상의 사악한 세력을 경계하고 사찰로 들어오는 모든 잡신과 악귀를 물리친다는 의미를 갖고 있다.

## 【 전각(殿閣) 】

### 대웅전(大雄殿)

대웅보전이라고도 하며, 대개 사원의 중앙에 있는 중심 건물이다. 중앙에는 석가모니불을 모시고 왼쪽에 문수보살, 오른쪽에 보현보살을 모신다. 대웅은 석가모니 부처님의 다른 호칭이며, 큰 장부라는 뜻과 같다.

### 비로전(毘盧殿)

대광명전, 대적광전이라고도 하며, 법신불인 비로자나불을 모신 법당이다. 사찰의 성격에 따라서는 이 법당이 중앙에 위치하면서 가장 큰 법당이 되기도 한다.

### 극락전(極樂殿)

미타전, 무량수전이라고도 하며, 서방정토의 주불이신 아미타불을 모시고 왼쪽에는 관세음보살, 오른쪽에는 대세지보살을 모신 법당이다.

### 미륵전(彌勒殿)

용화전이라고도 하며, 미륵불을 모신 법당이다. 미륵불은 미래에 오실 부처님이시며, 미륵부처님이 오시는 세계를 용화세계라고 일컫는다.

### 약사전(藥師殿)

약사여래를 모신 법당으로 좌우에는 일광 월광 두 보살을 모시고 있다. 약사여래는 중생의 재난과 질병를 없애고 고난에서 구제하는 부처님이시다.

### 관음전(觀音殿)

원통전, 원통보전이라고도 하며, 대자대비의 상징인 관세음보살을 모신 법당이다.

### 지장전(地藏殿)

명부전, 또는 시왕전이라고도 한다. 대원력의 상징인 지장보살을 중앙에 모시고 명부의 시왕을 좌우에 모시기도 한다.

### 팔상전(八相殿)

부처님의 생애를 여덟 부분으로 나누어, 여덟 폭의 그림을 그려 모신 법당으로 중앙에는 석가모니불을 모시고 있다

### 화엄전(華嚴殿)

비로자나 부처님과 화엄경의 여러 장면을 그림으로 나타냈다.

### 나한전(羅漢殿)

아라한(阿羅漢)을 모신 전각, 응진(應眞), 불생(不生), 무생(無生), 진인(眞人)이라고 번역한다. 16나한, 응진전(應眞殿)이라고도 하는데 이것은 진리와 하나가 되신 아라한을 모신 전각이라는 뜻이다.

### 문수전(文殊殿)

석가모니 부처님의 좌보처인 문수보살님을 주존으로 모신 전각을

뜻한다. 문수동자는 백수의 왕 사자를 타고 부처님을 대신하여 지혜로서 우리를 가르친다.

### 보현전(普賢殿)

석가모니 부처님의 우보처인 보현보살님을 주존으로 모신 전각을 뜻한다. 오른쪽의 보현동자는 코끼리를 타고 깨달음과 중생구제의 실천을 다짐하는 원(行願: 행동의 실천을 기원하는 마음)을 상징한다.

### 천불전(千佛殿)

천 분의 부처님을 모신 곳이라 하여 천불전이라 한다. 천 분이란 이 세상에 석가모니 부처님 한 분만이 아니라 계속 출현하시는 부처님이 천 분이라는 것이다. 석가모니 부처님 이전에도 부처님이 계셨고, 또 이후에도 부처님이 출현하시니 바로 미륵불이다. 과거, 현재, 미래에 각각 일천 부처님이 계신다 하여 삼천불(三千佛)을 말하기도 하며 이때 삼천불을 모신 곳은 삼천불전이라고 한다.

### 삼성각(三聖閣)

산신, 칠성, 독성을 모신 법당으로 대개 큰 법당 뒷편에 있으며, 사찰에 따라서는 산신각이라 하여 산신만 모시기도 한다. 이 산신이나 칠성은 민간신앙의 풍습이 불교에 흡수된 것이다.

**산신각(山神閣)**

신령스러운 산신을 모신 곳이라는 의미에서 산령각(山靈閣)이라고도 한다.

**칠성각(七星閣)**

도교(道敎) 노자(老子)의 북두칠성을 모신 곳. 칠성님은 자식을 잉태하게 하고 인간의 수명을 길게 하며 사찰을 수호하는 신이다.

**독성각(獨聖閣)**

스승 없이 홀로 깨달음을 얻으신 나반존자를 모신 곳. 한 가지 소원은 꼭 들어 주신다 하여 열심히 기도하는 모습을 볼 수 있다.

**진영각(眞影閣)**

사찰을 창건한 스님이니 그 사찰에서 수행하신 큰 스님을 모신 곳. 국사전(國師殿), 조사전(祖師殿), 영각(影閣), 조사당(祖師堂)이라고도 한다.

**장경각(藏經閣)**

장경각은 부처님의 가르침을 담은 목판(木板)이나 경전을 보관하고 있는 곳이다.

## 가람각(伽藍閣)

성황당과 유사한 성격을 지닌 곳으로 사찰을 수호하는 가람(절)신을 모신 곳. 국사당(局司堂), 국사단(局司壇), 성황각(城隍閣), 가람당(伽藍堂)으로 현판이 되어 있는 곳도 있다.

## 용왕단(龍王壇)

바다의 용신(龍神)을 모신 곳이다

## 일로향각(一爐香閣)

불전(법당)의 향로를 지키는 스님들이 머무시는 곳. 노전(爐殿), 향로전(香爐殿), 응향각(應香閣)이라고도 한다.

## 범종각(梵鐘閣)

범종을 보호하는 건물이다. 규모가 큰 사찰에서는 범종과 함께 법고, 운판, 목어 등 불전사물을 함께 놓기도 한다. 범종루(梵鐘樓), 종루(鐘樓), 종각(鐘閣)이라고도 한다.

## 누각(樓閣)

사찰의 누각은 이층 다락방 형태로 일반적으로 대웅전(금당-큰 법당)과 서로 마주보고 있다. 누각은 출입 통로이면서 불전사물을 봉안

하기도 하고, 대법회 시 대중 운집 장소 등의 용도로도 쓰인다.

### 조왕단(竈王壇)

부엌을 수호하는 조왕대신을 모셔놓은 곳. 조왕 탱화나 위패가 있고, 좌측에는 불씨를 꺼뜨리지 않도록 지키는 불을 담당하는 남성 역사(力士)가 위치하며, 우측에는 생활의 기반인 곡식이 끊이지 않도록 곡식을 담당하는 여신(女神)이 모셔져 있다.

### 적멸보궁(寂滅寶宮)

불상을 모시지 않고 부처님의 진신사리를 모신 곳이다. 우리나라의 5대적멸보궁은 다음과 같다.

- 경상남도 양산 통도사(通度寺)
- 강원도 평창의 오대산 중대(中臺) 상원사(上院寺)
- 강원도 인제의 설악산 봉정암(鳳頂庵)
- 강원도 영월 사자산 법흥사(法興寺)
- 강원도 정선의 태백산 정암사(淨巖寺)

# 【 불교교리 】

### 삼보(三寶)
불보(佛寶): 우주의 본체이자 만유에 평등하고 진리의 화현이신 부처님

법보(法寶): 부처님의 가르침인 진리 자체

승보(僧寶): 부처님의 가르침을 실천하는 제자들, 즉 불법을 배우고 지키며 널리 전파하는 승단

※우리나라의 삼보사찰은 불보사찰 통도사, 법보사찰 해인사, 승보사찰 송광사이다.

### 삼장(三藏)
경장(經藏): 부처님이 말씀하신 교리의 가르침

논장(論藏): 부처님의 열반 후 부처님의 경전과 율전을 해석해 놓은 책

율장(律藏): 부처님이 가르치신 교단의 계율

### 삼법인(三法印)
삼법인은 모든 것이 변한다는 제행무상(諸行無常), 모든 변하는 것에는 자아라는 실체가 없다는 제법무아(諸法無我), 모든 변하는 것은 괴로움을 낳는다는 일체개고(一切皆苦) 세 가지를 말하며, 일체

개고 대신 모든 괴로움을 없앤 열반적정(涅槃寂靜)을 넣기도 하는데 이 네 가지를 모두 합해 사법인(四法印)이라고도 한다.

**제행무상(諸行無常)**: 세상의 모든 것이 변한다는 뜻이다. 사물을 있는 그대로 바라볼 때 드러나는 존재의 속성은 바로 모든 것이 변한다는 것이다. 그러나 사람들은 천년, 만년 살 것처럼 생각한다.

**제법무아(諸法無我)**: 모든 변하는 것에 자아의 실체(實體)가 없다는 무아(無我)의 가르침이다. 모든 것은 항상 변하며 이것은 그 조건에 의한 것이다. 즉 인연에 따라 생긴 것은 인연이 다하면 흩어지기 때문에 고정불변하는 것이란 있을 수 없다. 무아의 가르침은 우리에게 자기중심적인 사고와 아집이 허망한 것임을 가르친다. 자신을 포함한 어떤 존재도 영원한 것이 없기에 생각과 사물 역시 그러하다.

**일체개고(一切皆苦)**: 모든 변하는 것이 괴로움이라는 가르침이다. 무상(無常)하기 때문에 고(苦)라는 것이다. 세상에는 희로애락(喜怒愛樂)이 있어 괴로움만이 있는 것이 아닌데 왜 고통(苦)이라고 하는가? 그것은 기쁨과 즐거움은 일시적인 것임에도 여기에 집착하여 고통을 낳는다는 것이다. 모든 것은 변하여 고정불변하는 실체가 없다. 기쁨과 즐거움도 마찬가지이다. 그러나 사람들은 언제나 자기 중심적인 습성에 길들여져 있어서 기쁨과 즐거움을 지속하려고 별별수단을 다 부리지만, 영원한 것은 이 세상에 없다.

**열반적정(涅槃寂靜)**: 열반은 진리의 구현이다. 무상과 무아의 진리를 완전히 구현하여 모든 번뇌와 고통의 불을 끈 상태가 바로 열반인 것이다. 열반은 모든 번뇌와 욕망, 대립과 고통이 사라진 고요한 평화의 상태이다. 불자들은 삼법인의 가르침을 자신의 생활 속에서 구현하여 최상의 평화와 자유인 열반을 향해 부지런히 정진해야 할 것이다.

## 【 불전사물(佛殿四物) 】

불교의례에 사용되는 의식용 법구로 범종(梵鐘), 운판(雲板), 목어(木魚), 법고(法鼓) 등 네 가지 사물을 말한다.

### 범종(梵鐘)

대범종과 소종 등 여러 종류가 있다. 종은 특히 중국에서 발달한 것으로서 부처님의 목소리(사자후)라 하여 종소리를 들으면 누구나 번뇌가 소멸하고 지혜가 증장하며 지옥중생이 이고득락(離苦得樂)을 얻는다 해서 치는 법구이다. 이러한 의미로 중국의 큰절 총림에서는 쉬지 않고 24시간 종일 친다고 한다.

우리나라에서는 하루에 세 차례 울리는데 새벽에 치는 3번은 33천

(天) 하늘의 천신들을 위해서 울리고, 낮 10시(사시)에 치는 108번은 중생의 성불과 이 땅의 평화를 위해서 울리며, 저녁에 치는 28번은 불법을 전하는 데 공이 크신 스물여덟 분의 역대조사 스님들(서천28조)의 공덕을 기리는 뜻을 담고 있다.

우리나라 국경일이나 제야의 종을 칠 때 33번을 치는 것은 여기에서 연유한 것이다. 한국의 대표적 범종으로는 신라 선덕여왕 때 조성된 봉덕사 에밀레종을 들 수 있다.

### 목어(木魚)

목어란 물고기 모양으로 만든 뒤 가슴을 파낸 다음 양쪽으로 두들겨서 소리를 내는 법구이다. 목어를 간편하게 만들어 사용하는 법구가 바로 목탁이다.

사찰에서 목어와 목탁을 치는 뜻은 물고기는 다른 동물과 달리 잠을 잘 때도 눈을 뜨고 움직이면서 수면을 취한다. 수행자들도 물고기처럼 나태하지 말고 항상 정진하고 깨어 있으라는 뜻이다.

옛날 중한 물건을 넣어두는 장롱의 자물쇠를 고기 모양으로 만들어 사용한 것 역시 물고기처럼 소홀함이 없이 잘 지키라는 뜻이다.

이러한 뜻 외에도 수중고혼(水中孤魂)을 제도하기 위한, 종교적으로 깊은 염원이 담겨져 있는 법구가 목어이다.

### 법고(法鼓)

절에서 아침, 저녁 예불 때, 혹은 법회의식을 거행할 때 치는 큰 북으로 네발 달린 육축 중생을 제도하기 위하여 올리는 불교의 법구이다.

### 운판(雲板)

운판은 구름처럼 청동으로 만든 평종을 말한다. 이는 천상(하늘) 고혼들의 이고득락(離苦得樂)을 위해서 울리는 법구이다.

이상의 네 가지 범종, 목어, 법고, 운판을 불교의 불전사물이라 한다. 이 밖에도 예불을 올릴 때 소리를 내는 경쇠, 바라와 선방에서 참선을 할 때 사용하는 죽비(竹篦), 종모양으로 소리를 내는 요령 등이 있다.

## 【 사찰예절 】

불교예절을 바르게 익히는 것은 우리 모두 참된 불자로서 어긋남이 없는 몸가짐과 마음을 갖추는 것이다. 특히 사찰은 마음의 번뇌를 정화하고 지혜를 닦는 수행의 장으로 신성한 성전이며 기도하고 참회하는 신앙의 귀의처이기도 하다. 올바른 예절로 우리들 마음과 몸가짐을 경건하게 하여야 한다.

### 삼귀의

귀의불 양족존(歸依佛 兩足尊): 지혜와 복덕이 구족하고 거룩한 부처님께 귀의합니다.

귀의법 이욕존(歸依法 離欲尊): 청정하고 미묘한 바른 법에 귀의합니다.

귀의승 중중존(歸依僧 衆中尊): 위 없고 거룩한 승가에(스님)께 귀의합니다.

삼귀의례는 불문에 들어오는 제자들이 불, 법, 승 삼보전에 자기의 맹세를 표시하는 일종의 계(戒)이며 삼보에 대한 예의를 갖추는 의식이다.

### 삼배의 의미

첫 번째, 절은 오직 부처님을 공경하는 뜻이며,

두 번째, 절은 법을 공경하는 뜻이며,

세 번째, 절은 부처님의 제자 중 거룩한 스님을 공경하는 뜻이다.

삼배를 드리는 것은 삼보(三寶)에 귀의하여 탐심, 진심, 치심의 삼독심(三毒心)을 끊고 삼학(三學: 戒, 定, 慧)을 닦겠다는 의지를 표명하는 것이고, 53배는 참회 53불(佛)에 대한 경배, 108배는 108번뇌의 소멸, 1천배는 지금 우리가 살고 있는 현겁(賢劫)의 1천 부처님께 1배씩 절을 올리는 것이며, 3천배는 과거, 현재, 미래의 3대겁에 출현하는 3천 부처님께 1배씩의 절을 올리는 예법이다.

**사찰에 갈 때**

· 사찰은 우리들 마음속에 있는 더러운 때를 씻어내어 마음을 깨끗하게 하는 곳이다. 스스로의 잘못을 뉘우치고 참회하고 올바른 삶을 다짐하는 곳이기도 하다.

· 사찰에 갈 때는 화려한 치장을 피하고 검소한 옷차림으로 부처님에게 참배하는 경건한 마음을 지녀야 한다.

· 사찰의 입구에 대부분이 일주문이 있다. 이곳에서부터 법당 쪽을 향해 반배한다.

· 일주문을 지나면 불법을 수호하는 천상의 신들을 모셔 놓은 사천왕문이 있다. 이곳에서도 합장 반배한다. 또 법당이 보이는 쪽으로도 합장 반배한다. 경내에 들어서면 법당을 향해 반배하고 스님을 만나면 공손히 반배한다.

· 법당 앞에서는 불탑이 모셔져 있는데 탑은 옛날부터 부처님의 사리나 경전을 모신 곳이므로 정성껏 예배드려야 한다.

· 멀리 탑 앞에 서서 합장 반배 한 다음 합장한 채로 오른쪽 어깨가 탑 쪽으로 향하도록 시계 방향으로 세 바퀴를 돈다. 이때 시계

방향으로 도는 이유는 '인도의 전통예법'에서 존경하는 대상에 대해 오른쪽 어깨를 보이는 데에서 유래하는 것이다.
- 세 바퀴를 돌고 난 후 다시 탑 앞에 서서 반배를 한다.

**법당 출입법**
- 법당은 사찰에서 가장 중심이 되는 건물로서 그 절의 주된 부처님을 모시고 법회나 예불 등 각종 의식을 거행하는 곳이므로 사찰을 찾는 사람은 누구나 먼저 참배하여야 하는 곳이다.
- 법당 한 가운데 있는 계단이나 문은 어간이라고 해서 큰 스님들만 사용하시는 곳이므로 일반 신자들은 되도록 옆 큰 계단과 옆 문을 이용해야 한다.
- 법당 문 앞에서 먼저 합장 반배한다.
- 법당 문을 열 때는 오른손으로 문고리를 잡은 뒤 왼손으로 오른손을 받들어 공손한 자세로 조용히 연다.
- 신발을 가지런히 벗어 놓고 들어가 양손으로 문을 닫은 뒤 그 자리에서 부처님을 향해 다시 합장 반배한다.

**사찰에서 지켜야 할 예절**
- 공양 시간을 잘 지키고 음식을 남기지 말아야 한다.
- 예배를 드릴 때는 법당 중앙을 피하고 측면에서 한다.

- 향이 이미 타고 있을 때는 사르지 말고 없을 때만 향을 사르되 한 개만 사르도록 한다. 어떤 사람은 가족 수대로 여러 개를 사른다. 이것은 바람직하지 못하다. 많은 향보다는 하나의 마음이 더 중요한 것이다.
- 경내에서 스님을 만나게 되면 반배하는 것이 상례이다.
- 법당 내에서는 절대 소리 나게 걸어서는 안 된다.
- 법당 내에서 껌을 씹지 않는다.
- 남의 신발을 신지 말자. (바뀌지 않도록)
- 큰 소리로 고함을 지르지 말고 휴지를 아무 곳에나 버리지 않는다.
- 술과 담배를 가지고 오지 않는다.
- 너무 늦은 시간까지 떠들지 않고 취침 시간을 지킨다.

## 경전을 대하는 태도

- 경전은 부처님의 가르침을 전하는 귀중한 책이므로 경전에 먼지나 더러운 것이 묻지 않도록 하고, 경전 위에 다른 책이나 물건을 함부로 올리면 안 된다.
- 항상 높고 깨끗한 곳에 간직한다.
- 언제나 경전을 지니고 다니면서 독송해야 한다.
- 경전을 통해서 익힌 부처님의 말씀은 주위의 다른 사람에게도 전할 수 있어야 한다.

# 아비라기도 약해(略解)

**1. 108배**

절은 온 몸의 혈액과 기의 흐름을 원만하고 왕성하게 하고 몸의 장기들을 강하게 하며 몸 전체를 부드럽게 한다.

**2.** 장궤합장을 한 상태로 '옴 아비라훔캄 스바하'를 30분 동안 낭송한다.

**장궤합장:** 공경과 경배를 나타내는 인간으로서 가장 겸허한 자세로서 호궤합장이라고도 한다. 수계(受戒)의식이나 경건한 의식에서 이 자세를 취한다.

두 무릎을 가지런히 꿇고 무릎부터 머리끝까지 상체가 수직이 되도록 몸을 꼿꼿이 세우고, 발끝으로 땅을 지탱하는 자세를 취한다.

손은 합장을 하고 고개는 약간 숙이며 눈은 살짝 내리뜬다.

**옴**: 모든 법음의 으뜸이 되는 자(字)로 우주생성원리를 의미하며 모든 공덕의 정상을 의미하는 자이므로 진언의 머리에 둔다.

**아비라훔캄**: 비로자나 부처님을 뜻하는 글자이다.
  '아'자는 대원경지(大圓鏡智), '비'자는 묘관찰지(妙觀察智),
  '라'자는 평등성지(平等性智), '훔'자는 성소작지(成所作智),
  '캄'자는 법계체성지(法界體性智)를 나타낸다

**스바하**: 회향(廻向)의 의미를 담은 범음으로 진언의 마지막에 둔다. '옴'은 우주생성원리이며 모든 법음의 으뜸이고 '아비라훔캄'은 법신을 의미하고 '스바하'는 회향의 의미라, "우주 삼라만상의 모든 일이 뜻대로 되게 하소서."라는 뜻이다

장궤합장을 하여 '옴아비라훔캄스바하' 법신진언을 외우는 것은 우주와 커뮤니케이션 즉 소통을 하는 것이다. 소통을 하려면 몸과 마음이 열려야 한다. 그 열려진 몸과 마음에 나쁜 기운이 들어오지 못하도록 능엄주를 외우는 것이다. 능엄주는 마장을 없애주고 기도와 참선을 잘 할 수 있는 힘과 좋은 기운을 만들어 준다.

왜 30분 동안 장궤합장 상태에서 법신진언을 암송해야 하는가? 그것은 최소 20분 이상 암송해야 뇌파를 울리고 뇌에 영향을 주기 때문이다. 따라서 30분 정도 해야 우리의 몸과 내면의 식(識)에 변화가 오는 것이다.

이 진언에 집중하며 30분 동안 외우면 몸과 마음에 쌓인 온갖 찌꺼기와 잡념들이 대부분 제거된다. 몸, 의식, 무의식을 정화시키고 세정하는 것이 아비라기도이다.

### 3. 능엄주 독송

중국의 수나라, 당나라 시대에 1,000여 명 이상이 수행하는 총림에서 이 능엄주 독송을 통하여 총림의 기강을 확립하고 수행력을 강화시켰다고 한다. 부처님께서 선정에 드시면 정수리에서 강력한 한 줄기 빛이 쏟아져 나오고 그 빛 속에 선정에 드신 무수한 부처님이 출현하고, 그 각각의 부처님들이 암송하는 것이 능엄주라 한다. 산스크리트어 원어로 비록 그 발음이 어렵지만 능엄주 그 자체의 발음만으로도 묘하고 엄청난 힘을 생성시킨다.

### 4. 회향게

이 회향게의 내용도 우주 만물이 모두 평안하고 행복하기를 바라는 것이다.

이 회향게까지가 아비라기도의 1파트이다.

이러한 1파트를 첫째 날 5번, 둘째 날 8번, 셋째 날 8번, 넷째 날 3번을 하여 24회를 하는 것이다. 더불어 삼천배도 자연스럽게 하게 되는데 첫째 날은 새벽 2시 반에 일어나 세수와 양치질을 하고 새벽3시부터 300배를 하고, 아비라기도 24번 때, 108배씩 2,400여 배를 하고 나흘 동안 사시마지 때 100배씩 하면 삼천배를 초과하는 것이다.

절을 하거나, 법신진언을 외우거나, 능엄주를 독송하거나, 회향게를 하거나 항상 그것을 관찰하는 '나'가 있어야 한다. 그 관찰하는 '나'가 또렷할수록 집중력이 강하고 몰입이 잘 된다.

사람들 모두 장궤합장 상태에서 내 속의 법신(法身)을 깨우기 위해 '옴 아비라 훔 캄 스바하'를 치열하게 부른다. 아비라기도를 하면 호흡과 기의 흐름이 저절로 순환되고, 좁은 방안에서 대중이 일사불란하게 진언기도를 통해 공명상태에 이르면 엄청난 에너지가 생성되어 여러 가지 기적같은 일들이 일어난다.

## 나의 서원

## 나의 아버지도

## 나의 아비라기도

## 성철스님과 아비라기도

초판 1쇄 발행일    2013년 11월 15일
초판 4쇄 발행일    2024년 4월 10일

저　자          장성욱
발행인          여무의(원택)

발행처          도서출판 장경각
등록번호        합천 제1호
등록일자        1987년 11월 30일
본　사          경남 합천군 가야면 해인사길 122 해인사 백련암
서울사무소      서울시 종로구 삼봉로 81(수송동, 두산위브파빌리온) 1232호
                전화 (02)2198-5372    팩스 (050)5116-5374
                홈페이지 www.sungchol.org

편집·제작 선연 (02)733-0127

ⓒ 2013, 장성욱

ISBN 978-89-93904-04-8   03220

값 13,000원

※이 책에 실린 내용은 무단으로 복제하거나 전재할 수 없습니다.